由教育部人文社会科学研究一般项目(23YJC630118)和金陵科技学院引进高层次人才科研启动基金资助项目(jit-b-202336)资助

创投引导基金与社会资本共生关系研究

刘小萌　著

華中科技大學出版社
http://press.hust.edu.cn
中国·武汉

图书在版编目(CIP)数据

创投引导基金与社会资本共生关系研究 / 刘小萌著. — 武汉：华中科技大学出版社，2024.5
ISBN 978-7-5772-0112-2

Ⅰ. ①创… Ⅱ. ①刘… Ⅲ. ①社会资本－研究 Ⅳ. ①F014.391

中国国家版本馆 CIP 数据核字(2023)第 246538 号

创投引导基金与社会资本共生关系研究 刘小萌 著
Chuang-tou Yindao Jijin yu Shehui Ziben Gongsheng Guanxi Yanjiu

出版发行：华中科技大学出版社(中国·武汉) 电话：(027)81321913
地　　址：武汉市东湖新技术开发区华工科技园 邮编：430223

策划编辑：张淑梅 封面设计：聚华文化
责任编辑：赵　萌 责任监印：朱　玢

印　　刷：济南越凡印务有限公司
开　　本：710mm×1000mm　1/16
印　　张：11.25
字　　数：178 千字
版　　次：2024 年 5 月第 1 版第 1 次印刷
定　　价：88.00 元

投稿邮箱：zhangsm@hustp.com
本书若有印装质量问题，请向出版社营销中心调换
全国免费服务热线：400-6679-118 竭诚为您服务

前　言

目前，我国正处于大力发展创新产业、实现经济转型和产业结构调整的重要阶段。2015 年的国务院政府工作报告明确指出，要实施“中国制造 2025”，坚持创新驱动、智能转型、强化基础、绿色发展，加快从制造大国转向制造强国；采取财政贴息、加速折旧等措施，推动传统产业技术改造；坚持有保有压，化解过剩产能，支持企业兼并重组，在市场竞争中优胜劣汰。2017 年的国务院政府工作报告又进一步指出，要综合运用货币政策工具，维护流动性基本稳定，合理引导市场利率水平，疏通传导机制，促进金融资源更多流向实体经济，特别是支持“三农”和小微企业。

在此背景下，创投机构应当发挥好制度引导的作用，从资金支持上，设立专项基金，用于推进我国中小企业的创建和发展；关于区域的建设，在原有区域的基础上扩大区域范围并建立自主创新示范区。

鉴于此，本书在梳理相关理论和现有成果的基础上，以我国创投引导基金与社会资本的共生关系及其对企业价值和社会经济两个层面的影响为研究对象，旨在通过资本共生关系的改善来提升企业价值，促进经济发展，并为创投引导基金的制度制定和完善提供理论基础。

本书首先在对比生态种群共生关系的基础上，借鉴 Logistic 生长模型检验了创投引导基金与社会资本的互惠共生效应的客观存在，并借鉴社会网络分析的相关理论构建了基于“场力”的资本共生关系分析图谱，基于超循环方法论分析了资本共生的一般过程；然后通过理论梳理、逻辑推导，构建了创投引导基金与社会资本共生关系图谱，分析了资本共生关系的构成要素、演化方式，并对共生关系的核心——共生模式进行了深入分析；再基于前面的理论分析，构建了由静态层面的规模匹配走向动态层面的资本效率的“逻辑判断”式二次评价体系。该评价体系以新三板上市公司五年的年报为数据来源，设计涵盖基于“共生度”“共生系数”的初次(静态)指标和基于数据包络分析(DEA)的资本投入产出效率(动态)评价指标,通过静态评价筛选出符合非对称互惠共生关系的样本,进入动态评价模块;接着运用多元回归分析,检验了“创新氛围”“财务杠杆”“赋税水平”“资本共生成本”“资本共生能量”五者与静态共生关系、动态共生关系的相关性,并承袭前面关于共生关系的价值功能这一命题,进行资本共生关系的空间效应和宏观经济价值的实证研究;最后在理论和实证的基础上,提出以供给侧改革为契机提高资本共生效率、激活隐性要素的价值潜能,以增强经济发展质量为宗旨统筹规划基金的设立并通过基金投资带动资源流动来促进区域协调发展等诸方面的制度建议,为进一步改善创投引导基金和社会资本共生关系、提升资本共生的效率、创造经济价值、平衡区域发展提供了相关决策依据。

本研究的创新可以归纳为以下三点。

(1)基于共生视角考察创投引导基金与社会资本之间的关系,从而从新的视角提升了创投引导基金研究的战略意义。将共生原理引入创投引导基金研究,分析创投引导基金与社会资本的共生机理、共生要素、演化方式和共生模式,以一个全新超越纯金融的视角诠释创投引导基金运作的机理。以往对创投引导基金的研究,一般是从资本理论的角度进行的,侧重于对资本市场自身发展的研究;部分基于资本系统关系视角的研究又着重于对创投引导基金运作模式的分析,缺乏对创投引导基金和社会资本的关系分析。本书所采取的这一全新研究视角,能够很好地将创投引导基金与社会资本统合起来进行思考,从而有利于从共生的源头来考察创投引导基金的运作管理问题。

(2)在前人研究的“区域共生”和“产业共生”等理论基础之上,提出“创投引导基金与社会资本共生关系”研究命题,系统地、创造性地构建创投引导基金与社会资本共生关系框架,为重新认识创投引导基金提供新的维度。本书从理论到实践,深入考察创投引导基金与社会资本的共生关系,定性和定量分析了创投引导基金与社会资本的共生度、共生系数、共生效率、影响因素、空间效应和宏观经济影响,提出通过改善资本共生关系提升企业价值、促进社会经济发展的相关制度建议,从而形成了一整套关于创投引导基金和社会资本共生发展的研究体系。

(3)本书采用二次评价体系测度了两类资本的共生关系,基于共生效率的动态关系测度打破了传统的封闭式的经济价值创造思路。本研究以创投引导基金与社会资本的异质性为逻辑起点,结合主体生产力与客体生产力的运动规律,定性和定量研究了两类资本所构筑的共生体的自然属性与社会属性,从资本生态的角度探寻创投引导基金与社会资本的关系以及经济价值创造之间的关联。

目 录

第1章 绪 论

1.1 研究背景、目的与意义

1.1.1 研究背景

近年来，大众创业、万众创新理念的推广和实施促进了我国经济的发展。科技型中小企业是支持我国经济社会发展的重要力量。我国各地政府早在很多年前就已经意识到资金对于企业发展的重要性，纷纷设立专项基金，同时这些专项基金的性质均属于非营利性，设立的目的是解决企业发展资金紧张的问题，最常见的支持方式是股权或债权，将资金注入相关机构，用于支持创新型企业的发展，推进企业研发和创新。

20 世纪 80 年代我国开始推动创业投资的发展，之后的十多年，开始引入国际先进经验，探索新的创业投资制度。90 年代中期以后，创业投资在我国成为热点。上海创业投资有限公司的设立与运作，被看作我国政府出资引导创业投资业发展的最早尝试。其由地方财政出资 6 亿元于 1999 年 8 月成立。我国第一只政府出资的创投引导基金于 2002 年正式成立，该基金由中关村管委会出资，以其特有的资本引导性质推进了我国创业市场的迅速发展。以"自主创新"为核心的"十一五"规划的出台，从国家发展的战略高度为我国创业投资的发展奠定了基础，对我国创业投资的发展起到了极大的促进作用。创投引导基金在国家相关部门的制度支持下进入了发展的新阶段，这一点要归功于"十一五"规划中提出的自主创新策略和我国实施的股权招募基金规划。关于我国设立创业投资引导基金的制度最早产生于 2005 年，最先在《创业投资企业管理暂行办法》中出现。关于支持科技型中小企业自主创新的制度是由财政部、科技部于

2007年制定的《科技型中小企业创业投资引导基金管理暂行办法》中提出的。国家发展改革委、财政部和商务部就科技型中小企业创业投资引导基金问题进行了相关的研究和讨论，于2008年联合制定了《关于创业投资引导基金规范设立与运作的指导意见》，强调要规范创投引导基金的设立工作，同时对其运作提出指导性意见。2011年，财政部和国家发展改革委联合出台了《新兴产业创投计划参股创业投资基金管理暂行办法》，将重点需要投资的项目提炼了出来。在多种制度的引导下，以财政部、证监会为首的部门纷纷就此问题出台了一系列有助于创投引导基金的税收优惠制度，这些制度的推行和创业投资环境的完善，推进了创投引导基金朝着更加健全的方向发展。相关统计数据显示，截至2013年末，全国创投引导基金总体规模近2700余亿元。自2015年开始，创投引导基金出现了剧增的局面，无论是数量还是规模都达到历史新高，基金的类型也越来越多样化，如产业基金、股权基金等。2012—2017年，引导基金数量增加987只，复合年均增长率为45.47%；设立总目标规模增加51 364亿元，复合年均增长率为97.64%（见图1-1）。从中央的角度来说，创投引导基金的高速扩张与中央所实施的规范财政补贴和存量财政资金的清理存在着一定的关联。

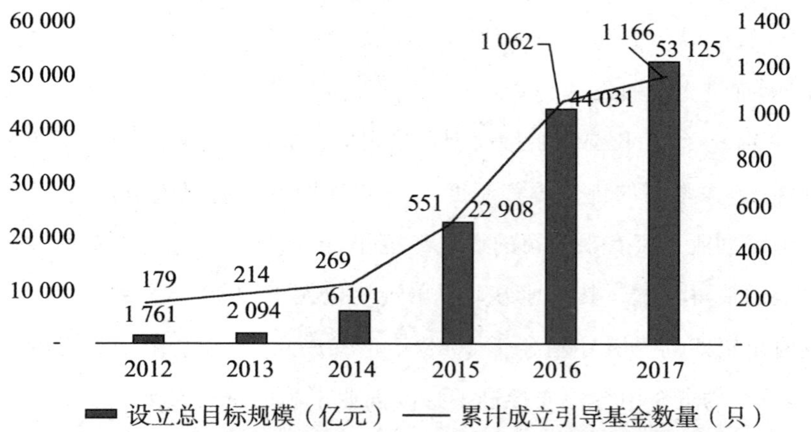

数据来源：CVSource　　投中研究院整理，2018.6

图1-1　2012—2017年全国创投引导基金成立情况

尽管当前创投引导基金正处于快速发展阶段，但我国科技型中小企业依旧面临融资困难的局面。创投引导基金与社会资本之间的信息不对称和科技型中小企业信号传递障碍是导致科技型中小企业信贷市场失灵的关键因素。面对这一局面，我国陆续出台了《关于创业投资引导基金规范设立与运作的指导意见》《新兴产业创投计划参股创业投资基金管理暂行办法》等一系列文件，对创投引导基金的规范设立和运作模式予以引导，同时构建创投引导基金与社会资本之间的相互联系与作用。在创投引导基金与社会资本相结合的迫切需要下，研究合理高效的资本组合方式及其相互关系已迫在眉睫。该领域的研究可以更好地发挥创投资本的引导作用，提高对科技型中小企业的支持效率，促进社会经济的发展。

现有关于创投引导基金的研究中，大多是从基金运作管理机制的角度进行研究，而关于创投引导基金与社会资本关系的研究较少。而创投引导基金的发展是离不开各类资本需求主体在运行过程中对其的依赖，同时，也离不开供给主体源源不断的资本支持。因此，关于创投引导基金的研究，需要将分散的、不同种类的资本供给主体和需求主体有效地结合起来，并形成一个多主体的复杂系统，以此为基础进行深入的分析。

“共生”一词产生于生物学研究领域，其含义是“在某种永久性物质的作用下，不同种属的生物由于存在某种关联而生活在一起，是一种相互性、活体营养性的联系”。直到 20 世纪中期，“共生”一词才出现在社会科学领域。从本质上来看，所谓共生就是共同生活，即物质与物质之间的相互协作，这与创投引导基金中的多主体复杂适应系统的发展方向是一致的。站在“共生”的角度进行研究，建立一个由创投引导基金中的资本供需主体构成的多主体复杂系统（称为共生系统），研究其共生关系的影响因素，评价其共生效果和共生演化机制，是创投引导基金研究的一个重要创新。全面地厘清创投引导基金发展的方向和规律，对于推进创投引导基金的发展有很大的作用。同时，研究其发展规律，为健全和完善创投引导基金发展提供切实可行的措施，有利于加速创投引导基金运作管理模式的调整，推动国有资本与社会资本一体化，使财政资金与社会经济相融合，实现共同协调发展。

1.1.2　研究目的

随着多元学科交融发展趋势的凸显，“共生”的研究逐步进入社会科学的视野，较为典型的包括医学与积极心理学的整合研究、宏观制度与公共管理、旅游资源开发与空间地理布局、产业经济与区域经济等领域。总体上多从静态分析的角度构建共生体展开研究，鲜有涉及基于共生体运动效率的动态分析。然而，就经济与管理学科而言，资本要素是社会层面经济运行体发生实质性运动的基础，资本也只有在运动的过程中才能创造经济价值。

因此，本研究的主要目的之一是以共生系统的价值功能为切入点、以“形成机理—要素和模式—评价体系—影响因素—空间效应—宏观经济影响”为主线，探讨创投引导基金与社会资本的共生关系及其对微观层面的企业价值和宏观层面的社会经济的影响。此外，关于资本问题研究的既有文献多集中于资本配置机制、资本运动效率、资本运营模式与风险控制等领域，大部分是社会科学体系内部的交融与整合，鲜有借鉴自然学科的研究成果。因此，本书借鉴自然科学（生物学）的研究思路、测量工具、评价模型来拓展资本问题研究的视野与增加该研究的手段，为资本问题的研究探寻更为广阔的路径。

1.1.3 研究意义

（1）理论意义

首先，从理论上扩展了创投引导基金的研究视野。本研究展开创投引导基金与社会资本共生关系测度及其经济影响的研究，突破了就“基金本身”研究创投引导基金的传统研究思路。

其次，自然科学（生物学）的研究成果丰富了社会科学的研究命题——资本运动关系。本研究选取“共生”为研究的切入点，不仅丰富了国家投资基金与社会资本关系研究的内涵，同时还推进了社会科学与自然科学的有机融合。资本关系属于社会科学的命题，自然科学相对精准、严谨的量化研究及其模型能更为有效地提高社会科学研究的可操作性与推广性。以“共生”理论为基础展开资本关系研究不单纯是社会科学对生物学相关理论的借鉴与吸收；同时也扩大了生物学相关研究成果在社会科学领域的应用。总之，这种跨学科的交叉研究本身就是一种学术上的“互惠共生”。

（2）现实意义

首先，从可操作的层面将运筹学的数据包络分析（DEA）引入资本共生系统的二次测度体系，一方面修正了生物学中“共生度”“共生系数”等评级指标的不足之处，即只能判断基于物种存量及其增减变化的静态关系，而无法揭示共生体在投入产出运动过程中所呈现的动态关系；另一方面，基于共生效率的二次评价体系更为全面地反映了资本这种特殊共生单元之间关系的层次性与演化性，即“规模匹配—增减同频—效率提升”。当基于“共生度”“共生系数”的初次判断显示为“互惠共生”(不论对称与否)关系时，资本共生体的投入产出才有了具备正向关系的可能，进而这种有效率的资本运动将带来价值的产生。因此，二次评价体系契合了企业价值和社会经济产生的一般逻辑。

其次，从资本关系的视角为微观层面的企业价值乃至宏观层面的社会经济价值创造提出了一条现实路径。对于经济价值的获取途径与方式，大量学者从创新行为、配置效率、融资结构等层面展开研究。资本“保值增值”的内在诉求从根本上构成价值产生的驱动力。创投引导基金与社会资本的互惠共生关系将这一驱动转化为现实。因此，回归到资本的“逐利性”、回归到资本之间的协同作用，通过共生关系的改善来获取经济价值，无疑是一种理性的选择。

1.2 概念界定

1.2.1 创投引导基金

创投引导基金是指由政府设立并按市场化方式运作的政策性基金，主要通过扶持创业投资企业发展，引导社会资金进入创业投资领域。这一定义包含三层含义。

①创投引导基金是不以营利为目的政策性基金，而非商业性基金。

②创投引导基金发挥引导作用的机制主要通过扶持创业投资企业发展，引导社会资金进入创业投资领域，而非直接从事创业投资。

③创投引导基金按市场化的有偿方式运作，而非通过拨款、贴息或风险补贴式的无偿方式运作。市场化运作包括两方面内容：一是引导基金在选择扶持对象时应由引导基金管理机构根据市场状况，综合考虑风险、收益和制度目标等多方面因素来确定；二是引导基金在使用方式上，主要应当体现“有偿使用”原则，以利于所扶持创投企业强化财务约束机制。

政府设立引导基金的宗旨主要是发挥财政资金的杠杆放大效应，增加创业投资资本的供给，克服单纯通过市场配置创业投资资本的市场失灵问题。特别是通过鼓励创业投资企业投资处于种子期、起步期等创业早期的企业，弥补一般创业投资企业主要投资于成长期、成熟期和重建企业的不足。这实际上要求引导基金在两个层面发挥引导作用：一是引导社会资金设立创业投资子基金；二是引导所扶持创业投资子基金增加对创业早期企业的投资。

为了更好更高效地鼓励和支持有关的创业投资活动，特别设立了创投引导基金，这项基金虽然由国家设立，但它是由市场主导运作的。这主要为了增强基金运作的活力。从具体的操作来看，引导基金不会直接与创业投资活动产生联系，它主要是以杠杆的形式减轻财政资金的压力，激发市场的活力。在我国的创投引导基金实践中，对入股形式的设立也是比较多样化的，包括阶段参股、跟进投资和直接投资等多种方式。不过从实际的操作来看，阶段参股占据了很大的比例。同时，私募数据库的信息显示，与阶段参股的方式不同，其他两种投资方式会造成数据信息的严重不匹配，带来很严重的后果，所以在本书中，重点研究阶段参股作为创投引导基金的主要投资形式给科技型中小企业和社会经济带来的影响。

1.2.2 社会资本

有关部门对社会资本做出了说明。一个是“社会资本是指已建立现代企业制度的境内外企业法人，但不包括本级政府所属融资平台公司及其他控股国有企业”。这是 2014 年 11 月 29 日财政部发表的《关于印发政府和社会资本合作模式操作指南（试行）的通知》的说明。另一个是“社会资本是指符合一定条件的国有企业、民营企业、混合所有制企业以及其他一些经营主体”，这是 2014 年 12 月 2 日国家发展改革委发布的《关于开展政府和社会资本合作的指导意见》的附件《政府和社会资本合作项目通用合同指南》的说明。

可以理解为，在市场经济中，社会资本会首先体现其个性，也就是说它们是一个个独立的个体，有自己的属性，就像我们每个人一样。其次，这些个体之间又有着千丝万缕的联系，它们既彼此联系又相互区别，共同组成社会资本这个大家庭。而就社会资本自身而言，其存在的形式也是多样的，经济学家将其概括为货币资本、生产资本和商品资本三种形式，这三种资本形式是环环相扣的，在空间上这是一个循环的整体。对于社会资本和个别资本来说，它们既相互区别，又彼此联系，是一个密不可分的整体，就其差异性而言个别资本只有直接生产过程和资本流通两个环节，而社会资本除了包括生产过程和资本流通以外还包括了一般性的商品流通过程。

本书参考国家发展改革委的规定，社会资本是指符合一定条件的国有企业、民营企业、混合所有制企业以及其他一些经营主体。

1.3 研究理论基础

1.3.1 利益相关者理论

早在18世纪初,《牛津词典》首次收录了“利益相关者”(stakeholder)这一词条。Freeman(1984)在其著作《战略管理——利益相关者的方法》中较为系统地提出了“利益相关者”理论,认为社会资本的利益有关的群体包括“可能对组织目标完成产生作用的一切团体和个人”,具体包括股东、债权人、管理层、雇员、客户、竞争对手等。

利益相关者通过契约与组织构建密切的双向联系,他们依靠组织实现个人目标;相应地,组织也依靠他们实现目标,而这一契约关系产生的现实基础就是利益相关者对于企业法人的形成“投下了赌注(stake)”,即投入了资本。企业、债券拥有者、供应商等债权人为企业投入了债务资本;股东为其投入了权益资本;企业家、高管和一般雇员为其投入了人力资本……利益相关者之所以愿意将资本投入企业中,是基于对某种利益的“索取”。在两权分离的公司制背景下,各投资主体通过法律形式确定自身在收益分配中的“求索权”。根据资源基础理论,企业的竞争优势来自异质性的资源。这里的“资源”是各利益相关者所投入的要素通过“取长补短”而形成的一个集合体。企业正是通过拥有、运用上述各类资源而获取收益。一方面,企业法人依托利益相关者所投入的要素获取了“法人财产权”和“组织收益”,即利益相关者影响着组织目标的实现;另一方面,脱离了企业的科学、有效运作,利益相关者也无法获取相应的报酬,即组织行为影响着利益相关者的目标。

随着网络思想向企业理论的渗透,“价值网”应运而生,其基本含义是企业和各类利益相关者在契约基础之上进行筹集、投资、营运和分配价值的互动关系及结构体系。利益相关者向企业投入的各种资本所形成的网络关系构成了价值网的基础,因此,“价值网”同时也是一张“资本网”,资本连接是价值连接的物质基础,而价值连接是资本连接的经济后果。

1.3.2　协同论

20 世纪 70 年代，德国物理学家 H.哈肯创立了研究系统的一门新的动力学理论——“协同学”(synergetics)，它是一种关于结构有序演化的学问。最初，哈肯通过对激光原理相变的研究发现，物质的相变即物质从一种“相”转化为另一种“相”的过程是各个子系统之间协同行为的结果。这里的“协同”是指组成系统的各部分相互协作、相互影响进而使得系统获得某些微观层面所不存在的新的结构。协同学研究的核心是系统如何实现从原始均匀的无序状态发展为另一种有序结构，其研究的目的是探寻支配各系统在“自组织”现象的动因、机理及其一般规律。

随着社会分工的进一步深化，社会行为中个体与个体、个体与群体之间的协作深刻地影响着社会系统结构的有序演化，协同学的应用范围也逐步从物理、生物、化学领域拓展至社会科学领域。尤其是在经济与管理领域，资源的稀缺性和竞争的不确定性两大因素导致企业边界进一步模糊，有形边界被打破，有形的商品交换逐步发展为物质、信息和能量的整合性交换。通过跨企业边界的协同行为来规避资源稀缺及不确定性带来的负面关系，成为单一组织的理性选择，“跨组织协调”应运而生。

创投引导基金与社会资本的共生体是一个典型的社会协同系统，“协同”既是社会化大生产条件下资本运动所内隐的一个“自然规律”，也是各子系统及其内部组成部分进化的必然选择。具体而言，社会化大生产加剧了资本割据的程度，任何单一形式的资本难以在封闭的运动过程中实现保值增值。通过与其他形式资本的互补、合作、交融、整合，带着资本增值这一特定目的形成协同关系。随着这一关系的加深，资本共生体逐步形成了各子系统所默认的规程与文化——为资本增值奠定了制度基础。

1.3.3　商业生态系统理论

商业生态系统(commercial ecosystem)是“生态系统”一词由自然科学领域向社会领域演化的产物。早在 1935 年，英国生态学家坦斯利(A.G.Tansley)就给生态系统下了定义：“简单来说，整个系统(从物理学的意义来说)，包括了有机体与我们称之为环境的物理要素的复杂组成。而这些复杂组成又共同组合成一个物理系统,也就是我提出的'生态系统',这些生态系统大小不同,种类繁多。"很多关于金融研究的学者认为,与生态系统一样,社会经济体的存在和运作也有着非常相近的形式。美国著名经济学家穆尔(Moore,1993)根据生物生态系统的概念,提出了社会中组织和个人构成了商业生态系统这一概念,这一概念发表在20世纪90年代初期的《哈佛商业评论》。该系统中的参与者或"行为主体"的范围极其宽泛,包括供应商、生产商、销售商、市场中介、投资商、政府、消费者等贯穿于整个商品、服务生命周期的核心与边缘群体。该系统中,直接供应商、核心产品与服务、销售渠道构成了核心商业。

商业生态系统既是一个依托于信息、资源与能量交换的有形商品生成系统,也是一个无形服务的传递系统,更是一个价值创造、分配与再分配系统。"自组织"是不同个体得以有序协调工作的基础,这是由生物内部的"价值功能"与外部的"行动约束"共同决定的,是客观存在的现象。具体而言,各参与者"天然地"具有互为异质的资源禀赋与能力禀赋,在价值创造中担当着不同的角色,进而形成相互补充、相互支撑的行动规范。尽管彼此具有不同的利益诉求,但身在其中的组织和个人只有共同密切协作才能共享信息、资源、能量互补所带来的系统收益。换言之,独立的个体只有在整个商业生态系统的大环境中才能实现利益的最大化,单打独斗终究无法实现最大化的利益。商业生态系统各个小部分构成一个统一的整体,在整个商业生态系统中有条不紊地工作着;反之,系统的任何举措都将直接影响每一个行动者的利益。从一定意义上说,商业生态系统理论与利益相关者理论有着异曲同工之处。

与我们熟悉的生物生态系统一样,商业生态系统也表现出了"一荣俱荣,一损俱损"的法则——其中任何一个环节出现了问题,必然会对整体的利益产生严重的影响。在市场中,不同个体分工十分明确,联系十分紧密,一个单一的个体是没有办法创造出一个完整的产品;各生产要素之间很容易出现资源溢出的现象,这种溢出现象既有积极的一面,也存在一定的弊端,它一方面会降低个体获取收益的能力,另一方面会对资源的整合有一定的推动作用。

而在整个商业生态系统中,我们又可以划分出资本生态系统这一小的系统,之所以称它为资本生态系统,是因为这个生态系统的表现形式是具有最原始逐利性的资本，而没有复杂的表现形式。从一定意义上来说，社会资本和创投引导基金是可以共存的，它们之间可以形成很好的补充，这就跟前面所述的商业生态系统的内部和外部的推动力一样。第一，资本是具有“保值增值”能力的，这是促进不同资本之间产生联系的重要推动力，而总的来说，规范水平比较突出的资本市场对资本生态整体水平的敏感度会比较高，这与其他一些规范程度比较低的资本市场不同；也就是说，加强不同资本之间的联系，更好地协调这些资本的运作，会使得资本生态系统整体的能力发生巨大的改变，收益会有非常明显的提升。第二，资本溢出会在资本隔离的情况下变得非常频繁，其会极大地减弱资本原有的吸引力，这也是为什么努力追求系统外部推动力的主要原因。

1.4 国内外研究综述

1.4.1 创投引导基金与社会资本的相互影响研究

国外学者方面，关于创投引导基金和社会资本联动的研究有两种不同的看法。

第一种看法是国家积极引导资金，这促进了风险投资市场的发展。比如 2000 年 Hood 对苏格兰公共基金项目(简称为 SDF)进行了深入的探究，结果表明该项目正式投入市场后对基金成立增加了很多的私人风险。2004 年 Bartzokas 和 Mani 一同对以色列的 YOZMA 计划进行了探究，根据以系统进化为基础的研究，对创投引导基金的运行成果做出了细致的评论，不论是减少数量和收益情况、成功和失败的比率、下降方式的组成方式、投资的规模大小和数量多少，还是投资所需成本和引导效果的好坏等成体系的标准，他们认为 YOZMA 计划会引导以色列风险投资行业向成熟方向发展。2007 年，Cumming 将澳大利亚的 IIF 计划设为探究对象，因为 IIF 项目自实行以来产生了明显的效果，其正式成立后的几年中出现了很多的风险创投引导基金。Karsai(2004)的研究证明匈牙利国家的引导基金促进了风险投资行业的快速发展。2014 年，Brander 等人发现在很多创投引导基金项目存在的市场中任何一家公司都会面临很多的风险创投引导基金，这从侧面表明创投引导基金会提升市场的竞争能力，但不会将社会资本剔除。

第二种看法是创投引导基金和风险投资市场之间存在挤出关系。Benoit Leleux 和 Bernard Surlemon 在 2013 年一同对欧洲 15 国的 1990 年到 1996 年的有关数据进行了对比，得到了公共风险资本中性的结果，但是没有将更多的风险引入市场中，只是增加了投入资金数量。Murray 于 2007 综合客观地评论了芬兰国家的引入基金，评估结果显示引入国外资金对芬兰早期建设的引导资金有促进作用，但是国家在市场的效益方面过多地强调盈利，降低了它在解决市场失灵问题时的有效性。

除此之外，Brander，Egan，Hellmann 三位学者在 2008 年提出获得国家支持的风险机构存在数量庞大且未成熟的投资，其将私人投资挤出市场，但是国家只有在保证它所支持的机构只用于市场失灵问题的早期才会使用相关的制度，不然会因为制定者和决策者之间角色的重复造成私人资本积极性降低。2006年的时候Rin同Nicodano一起对欧洲一些国家14年的数据做了分析，发现公共风险投资成本不仅会增加风险资金的提供，还与社会资本之间出现了挤出的关系。Cumming和MacIntosh在2006年，针对加拿大特有的LSVCC项目进行了研究，实验结果显示这个项目的增量效应小于挤出效应。如果公共资本正式加入市场中，对风险投资市场的资本总量会起到抑制的作用。2015年时，Bertoni对多个国家的风险机构数据进行了分析对比，从中得知公共资本和私人资本投资风险机构的结合可以组成具有科技性的中小型投资公司，这会吸引大量的社会资本，该项研究成果证明创投引导基金具有杠杆的作用。

国内学者方面，陈士俊、柏高原于2010年发表了创业投资引导基金参股运作方式的国际比较，并在此基础上对我国创业投资引导基金的运作提出政策建设。2011年左志刚使用跨国面板数据计量解析得出，公共部门的收益情况对制度风险投资市场有着积极的促进作用，加快了风险投资事业早期项目开展。2013年，施钰利用数据分析和实验证明我国的引导基金制度可以促使大量的资本流入市场中，加快地区性风险投资市场的发展。2015年杨敏利教授采用PSM的方法，比较了有创投引导基金的城市和没有创投引导基金的城市之间的风险投资的发展情况，发现拥有创投引导基金的城市不论是机构资金的获取还是新成立的投资机构，甚至是第一次加入市场的有限合伙人数等都比没有创投引导基金的城市高。施国平等学者2016年使用双重差分模型对创投引导基金是否存在效果进行了检测，发现其可以吸引非国有的风险基金加入早期公司中去。刘宁悦于2016年提出创投引导基金的杠杆作用不仅会促使创投引导基金加入社会基金，还会从宏观角度改变资源在市场中的分配情况，这会帮助刚刚创业的新型公司生存。

相反，挤出关系有控制风险投资市场发展的可能性。2006年，刘志阳和施祖留的观点显示，国有资本加入风险投资市场会引起一部分竞争区域出现挤出关系，就像商业性创投引导基金之间存在的抢夺关系，不管是项目还是人才资源，都会导致商业性风险创投引导基金的减少。2008年，刘亮团队发现，风险资本市场规模开始快速扩大的时候，资金成本也开始上涨，这可能会引起边际盈利的降低，抑制市场整体投资形势的改善。从另一个角度来说，国家引导资金会使得很多没有经验的风险投资家走进市场，使得市场对资金的配置作用逐渐失效，长期发展下去会给风险资本市场带来很大的不利。2016 年，赵维久对 2008—2015 年 669 家风险投资公司的数据进行了对比，发现国家引导资金的加入，在提升了风险引导基金的存在数量的同时也会减少私人资本投资的问题，这主要体现在私人资本 A 轮投资后的跟进情况。

1.4.2　自然科学视阈下的共生研究

长期以来，达尔文主义把物种进化的唯一来源视为随机突变、重组与基因复制，这一定论为人们理解物种起源提供了合理的框架。但共生研究提出的“共进化”观点包括相关生物体之间的物种共形成与共适应以及生物体之间长期的、密切的联系导致新物种的形成等，即关于“内共生是进化的重要来源”的论点与证据对我们重新认识达尔文的自然选择论、突变论具有极其重要的意义。

Lewis(1973)在前人的研究基础上进一步提出了反映共生关系的模式分类，具体包括行为模式和组织模式。其中，共生行为模式分为以下几种。

①寄生模式，即共生体不产生新能量，寄主作为能量的单一付出者，将所产生的能量提供给寄生者，寄生者则是能量的净消费者，共生单元之间体现为单向的能量转换。如果被寄生者产生能量的速度小于寄生者消耗能量的速度，那么寄主会被寄生者消耗殆尽，寄生关系随之消失；反之，将可长期维持寄生关系。

②偏利共生模式，该模式产生新的能量，但这种能量只被某一共生单元全部获取。这种模式对一方有利，对另一方既无利也无害。偏利共生模式是寄生向互惠共生过渡的中间类型。

③互惠共生模式。该模式又分为两种。非对称互惠共生模式，该模式以共生单元的分工协作为基础产生新的能量，能量共生单元之间存在利益交换机制，但一方获得多而另一方获得少。

对称性互惠共生模式，该模式具有对称性的利益交互机制，不同共生单元在新产生能量的分配中具有相对平衡的地位,有助于利益持续性均衡积累,这是生物界最为稳定、最具凝聚力的一种共生模式。总体上,无论是非对称互惠共生还是对称性互惠共生,均体现为双向的能量交换。

共生组织模式包括以下几种。

①点共生模式,是指仅发生于特定时间与空间中的偶然性或随机形成的、共生介质单一的模式。

②间歇共生模式,其共生界面的生成并非完全随机而具有一定的必然性、选择性、稳定性和多元性,其进化特征不明显。

③连续共生模式,即在某一封闭时间区间内共生单元具有连续的相互作用,且共生关系与共生环境存在某种相对模糊的边界。

④一体化共生模式,在一定的封闭空间内全部共生单元形式具有独立性和功能性的共生体;共生介质多元且特征突出。

1.4.3 共生在社会科学领域中的应用研究

20世纪后期,随着多元学科交融发展趋势的凸显,"共生"的研究逐步扩展到社会科学领域,较为典型的包括医学与积极心理学的整合研究、生态农业学、宏观制度与公共管理、旅游资源开发与空间地理布局、企业微观管理等。总体而言,国内外学者在社会科学领域的"共生"研究主要集中于"区域共生"和"产业共生"。

1.4.3.1 区域共生

国外学者关于区域共生的研究多集中于跨区域的技术扩散与技术转移。Anselin(1997)提到,在技术改进的空间结构变化的过程中,临近两个地区有着明显的相互作用关系,并且每个空间单元在经济特征方面和周围相邻地区的经济特点有联系。核心技术区、次级技术区与边缘技术区的共生协调度与技术转移效率呈现正相关。技术转移作为地理特征的典范,其代表某项技术水平的知识簇在空间上动态扩展和分散的过程,这个过程一定在一个较大的区域共生范围内展开。Bode(2004)对公司、高校甚至区域创新之间关系展开大规模研究,研究结果表明在地理中,相邻高校等科研机构在将高校的学问和技术水平转移至公司和周围地域是有利的，区域空间间隔能够明显影响技术转移和研发创新两个方面，且技术流动与共享的频度和辐射关系与区域经济发展显著正相关。

我国学者生延超、钟志平（2011）认为旅游产业也和区域经济存在关联，即共生关系，两者均遍布于“旅游产业－区域经济发展”这类大系统中。然而仅仅是两个子系统，两者当中的相互影响存在着不同的耦合协调情况，将区域经济发展和旅游产业当中的耦合关系调节好是旅游产业与区域经济发展的基础。通过模仿物理学耦合度函数构造出旅游产业和区域经济发展耦合协调度模型，再对湖南省的旅游产业和区域经济发展耦合协调发展情况展开实证探究。探究结果显示，只有长沙市能够达到优异协调。对于二者而言，湖南省的区域经济能够更加带动旅游产业发展。

徐玉莲、王玉冬、林艳（2011）认为创投引导基金与科技金融的共生对区域知识社会资本增长具有强有力的支撑作用。依靠对科技金融内涵进行界定以及对区域创投引导基金和金融的共生关系进行探讨，构造出区域创投引导基金与科技金融耦合协调度评价模型，再依靠使用中国省级区域统计数据信息，对其耦合协调度展开实证探索。经过研究结果观察出：中国不同省市创投引导基金和科技金融耦合协调度普遍不高；绝大部分省市科技金融相对于创投引导基金发展落后迟延；并且在东部、中部以及西部地区耦合协调度之间层次比较明显。

杨晓波、孙继琼（2014）从城市经济共生态出发，指出内江、自贡是成渝经济区里两大次级经济中心，不仅其向上接收成都市和重庆市两大超级经济中心带来的优势，而且其向下向腹地散布其积攒的能量，它们两者当中逐渐产生一种共生关系。这种共生关系不但具有相互斗争的特点，也具备互助互补的特点。为了完成其能量的净增加，必须让这种共生关系进行积极互动，使其一起进步和发展。然而成渝经济区发展目标是实施“多极多点”的发展策略，根据内江与自贡等城市具备特殊的有利条件和丰富的基础，推进内江和自贡一体化发展就此变成成渝经济区发展战略的首选。

李天放、冯锋（2016）从静态角度叙述中国跨区域技术转移网络里关于共生单元、共生环境与共生模式的要素特点，并构建出共生聚集度和共生兼容度评论模型，通过关联数据信息从动态角度对中国 30 个省区技术转移共生能量产生和吸收消化水平做实证推测，研究发现中西部偏远省份因位置处于偏僻地区，其和经济发展迅速且活跃的腹地之间关联和沟通受到阻碍，从而造成这些偏远省份的技术转移共生能量的生成与集聚落后；然而从共生兼容度水平来看，江苏省和山东省在跨区域技术转移交易活动中因为相对完善的技术市场运作机制和保障制度而得到好处。共生兼容度的变化和地区经济发展水平有着一定的关系，由于国家会向经济发达区域进行基金引导，导致这些区域不但拥有数量繁多、类型丰富的传统工业企业，还能够引进大规模新兴高技术产业企业。

孙涧桥(2018)对2006—2016年辽宁省商贸流通业规模变化数据信息进行详细探索，发现商贸流通业国民经济贡献率存在着起伏变化，便立即探索分析并对这种共生关系进行证实，结果表明共生的关系依旧存在于商贸流通和区域间经济差异性发展之中，采用快速发展商贸流通的现代化的方式对改变区域经济差异性有重要意义。

1.4.3.2 产业共生

产业共生研究的先驱 Frosch、Gallopoulos(1989)首次提出工业生态学概念，认为工业生产系统既是人类社会的一个子系统，也是自然生态系统的一个子系统。该系统与自然生态系统关系的理性与否直接制约着社会经济的可持续发展，因此有必要改变传统资源消耗方式的线性生产与消费模式，主张通过物质、能量与信息的多变交换网络共享共生能量，并通过充分利用废弃物建立起来的工业企业之间的协作来赢得互惠共生。Engberg(1993)指出，处于产业共生系统中的各个企业之间的协同与合作与单一企业的成长性、生存能力及盈利能力显著正相关；此外，产业共生具有保护环境、节约资源、降低企业责任摩擦等外部关系。Mirata(2005)在产业共生网络的研究中指出，有必要通过物质交换和能量传递实现寄主产业的环境效益和经济效益；为了推动共生能量的有效配置，应积极拓展产业共生网络的外延，引入政府、消费者、社会团体等多元相关者，通过对社会主体价值的满足来提高共生态的相变效率。

在借鉴国外研究成果的基础上，国内学者结合中国经济转型、产业结构调整等特定情景，从制造业与服务业甚至农牧业的相互依存关系出发，进行了一系列研究。袁纯清(1998)首次利用共生理论对包括我国在内的各国小型经济的共生模式进行了分析，并将共生理论引入金融学领域，用于研究我国城市商业企业的发展问题。他认为，资本共生是指企业与企业间、企业与非企业机构间在一定的共生环境中以一定的共生模式形成相互依存关系。胡晓鹏(2008)认为"产业共生"即以独立产业或者业务模块作为共生单元的经济现象，外部依靠产业连接导致价值提升，内部则依靠产业价值链的连续特征。由于既往的研究只是对这种现象的不同方面进行分门别类的阐述，导致理论片段化和整体认知的局限性。在其研究中，他借鉴"自组织"理论，一是通过产业共生理论的内涵，二是对基本特征进行分析，推出产业共生的行为模式、系统构型及其运行机理。他还指出工业"产值"及其比例固然重要，但仅仅代表了共生体的数量协调，即单一的数量指标并不具有实质性的经济意义，而产业结构"质"的优化及其动态配比才能获取更为可观的共生能量。

刘基英(2013)在对产业高端化的协同创新驱动因素分析的基础上用社会网络方法讨论了共生单元之间的协同创新驱动，即创新共生基质。研究表明，企业资本存量、R&D支出对制造业总体、劳动密集型、资本密集型和技术密集型产业附加值的提升均有显著效果；资本密集型和技术密集型产业对生产设备等固定资本的依赖性较高，高技术含量的资本设施越多，行业产出效能越高。由于我国产业高端化的协同创新网络和驱动机制尚不健全，所以有必要从构建产学研创新联盟、完善投融资体系、加强创新的国家支撑与资源整合等领域优化协同创新的共生基质。

苑清敏、杨蕊(2014)以共生理论为基础，探讨了海洋以及陆地产业当中的协同共生关系，构建出陆域产业和海洋产业协同共生度评价模型。基于1995—2010年统计数据分析了我国沿海11省市海陆产业共生状态，预测了达到对称性互惠共生状态的时间范围，并且指出维持对称性互惠共生状态两种产业主参量的条件组合。研究发现，我国早期的海洋产业寄生于陆域产业之中；之后长时间处于正向非对称互惠共生状态；沿海7省份在2011—2014年达到对称互惠共生状态。

李书学(2016)借鉴共生理论中的"并联耦合模式"研究了我国路桥产业的共生问题。他指出产业链的稳定性能够立即对有关产业的生产效率造成影响，并且产业链中附加价值所呈现的"两边高、中间低"的特征常常会对产业链内部利益分配机制产生影响，甚至破坏产业链的稳定状况，导致产业链出现波动或是终止的现象。所以,依靠增加模块内企业单元数目、不停深化产业分工和信息交互共享平台的信息共享的方式,可以有效解决产业链中企业链条之间和企业之间的共生能量分配关系,实现产业链的内部和谐,提高路桥产业共生体的运行效率,从而确保产业链系统的稳定性和有效性。

李肖钢、王琦峰(2018)通过详细探索产业链理论剖析了服务业产业链的内涵并且依靠探索并联耦合共生理论推行出了并联耦合共生的三大机制,一是信息交互机制,二是产业链协同机制,三是共生企业选择机制,并且依靠公共海外仓模式下跨境电商现代社会产业链的特点再结合并联耦合共生理论,提出依靠国际货代企业和海外仓储企业双主体协作管辖的并联耦合共生模式和对应的共生机制。

1.4.3.3　资本共生

何平林(2015)指出"资本共生关系"是指在资本生态环境中,社会资本、人力资本、技术资本、虚拟资本及风险资本等不同资本形态因子,基于某种共生吸引力即对资本保值增值的诉求,通过特定的介质与通道形成共生体,并进行能量的生产、交换、分配的一种互利共存关系。该系统由共生环境、共生单元、共生基质、共生界面和共生能量五大要素组成。资本共生关系通过拓展企业融资渠道、加快技术创新步伐、优化并使用数据包络分析实证检验了多元资本共生的投入产出效率与共生环境下的企业价值呈显著正相关。

浙江大学"人力资本结构研究"课题组(2012)从宏观层面出发,首先运用MRW模型探讨了两类资本最优匹配的存在性,即当经济处于均衡增长路径上,人力资本与社会资本存量比与对应的社会资本储蓄率与人力资本储蓄率之比相同;进而在系统解析两类资本匹配协调性与社会资本增长关系的基础上,借鉴物理学中的"耦合协调"理论,测算了中国工业经济运行中两类资本要素当中的匹配度,并且通过实际论证查验出这种匹配度能够对经济效率产生积极作用。研究表明,人力资本与社会资本的有效率积累不仅仅是两者数量上的同增,同时还要关注两者在结构上的匹配和均衡。

戴理达(2018)借鉴生物学的共生理论,以创投引导基金与社会资本的协作摩擦作为逻辑起点,分析了现行服务技术学习理念在生物学意义上的滞后性以及"知识经济"背景下服务企业内、外部学习成本的控制偏差,发现有效平衡技术学习过程中的"所获"与"所费"是推动我国服务业迈向集约化创新发展之路的一个理性选择。

1.5 研究内容、研究方法和技术路线

1.5.1 研究内容

本书以我国创投引导基金与社会资本的共生关系及其对中小型科技企业价值的影响为研究对象，旨在通过资本共生关系的改善来提升企业的价值，并为创投引导基金的制度制定和完善提供理论基础。本书章节安排如下：

第一部分(第 1 章)：研究框架、文献综述与理论分析。首先，初步勾勒研究的基本思路与构架；其次，考虑到“共生”对于资本运动研究而言是一个“舶来品”，为给后文即资本共生关系的实证研究寻求符合逻辑的理论支撑，从利益相关者理论、协同理论和商业生态系统理论等角度论证了创投引导基金与社会资本共生关系存在的客观性；最后，从创投引导基金、资本共生及其价值功能等视角进行文献的搜集、梳理与评述，以期从中发现创投引导基金与社会资本关系研究的空白点。

第二部分(第 2 章至第 3 章)：资本共生关系的理论机制、要素和模式，即资本共生体属性的识别与研究边界的确定。资本共生关系是资本共生体在运动过程中显现出来的一种长久的联系。这一部分首先在第 2 章借鉴 Logistic 生长模型检验了创投引导基金与社会资本的互惠共生效应的客观存在性，并借鉴社会网络分析的相关理论构建了基于“场力”的资本共生关系分析图谱，又利用超循环方法论分析了资本共生过程，此后在第 3 章围绕着共生关系形成的特征、构成要素、演化方式和共生模式逐一进行了分析。

第三部分(第 4 章至第 7 章)：资本共生关系的量化分析与研究。共生关系本身具有价值功能，因此不仅是一种“质化”的呈现，更需量化的表征。首先在第 4 章构建创投引导基金与社会资本共生关系的二次评价体系。该评价体系以新三板上市公司五年的年报为数据来源，设计涵盖基于“共生度”“共生系数”的初次(静态)指标和基于数据包络分析(DEA)的资本投入产出效率(动态)评价指标，通过静态评价筛选出符合非对称互惠共生关系的样本，进入动态评价模块。在此基础之上，于第 5 章构建了创投引导基金与社会资本共生体相变的

仿真模型，探析在能量分配博弈中，不同分配制度对共生行为模式与组织模式的影响及共生演化的内外部驱动力，并对创投引导基金与社会资本静态与动态共生关系的影响因素展开了实证分析。第6章，在前两章企业微观视角研究的基础之上，进一步从宏观视角，对我国各省份的共生效率相关问题进行了实证检验，主要的研究工作包括三个部分：第一，基于网络DEA方法对2000—2018年我国省域创投引导基金与社会资本的共生效率进行了科学测算，并利用空间计量和非参数估计方法对其空间集聚、动态演进的趋势及区域异质性进行了分析；第二，基于上述空间集聚与动态演进的分析结果，构建空间计量模型，实证检验了中国创投引导基金与社会资本共生效率提升的模式；第三，结合前述相关理论机理分析，以及异质环境影响的待检验假说，进一步构建两阶段CMM模型和空间杜宾模型，实证检验了制度环境、基础设施对创投引导基金与社会资本共生效率提升的本地效应和空间溢出效应。第7章，在上一章空间效应研究的基础之上，结合提出的待检验假说，利用47个国家1978—2018年的跨国面板数据，重点考察了宏观经济影响视角下共生效率的实证经验等相关问题，并结合上文的研究分析，提出了几方面的制度建议，以进一步改善资本共生关系，提升资本共生效率，加大经济产出并平衡区域经济发展。

第四部分(第8章)：结论与展望。该部分对上述实证研究的结果进行整理与分析，获得研究结论；此外，根据本研究的不足之处，对未来的研究趋势与方向进行展望。

1.5.2 研究方法

本书采用规范的理论分析与实证研究相结合、定性分析与定量分析相结合的研究方法。主要研究方法包括如下几种。

(1)文献研究法

以中国知网、EBSCO、Elsevier等国内外数据库为主要文献检索源，以学术流派及其观点为主线，首先溯源各视角下创投引导基金、共生与资本共生研究的发展历程、主要贡献与不足，厘清各观点之同的批判与借鉴关系；然后结合中国经济转型这一时代背景，确立本书所探索的核心问题及方向。

(2)演绎推理法

本书先借鉴社会学中的社会网络分析(SNA)初步勾勒出资本共生关系图谱;然后,以利益相关者理论、协同理论、商业生态系统理论为基础,运用生物学中的"共生理论",从共生单元、共生环境、共生界面、共生模式等视角构建创投引导基金与社会资本共生关系,并在此基础上推导出资本共生关系的二次评价思路与框架;最后,运用"共生度""共生系数"等生物学模型检测新三板上市公司两类资本共生的静态关系。

(3)数据包络分析

数据包络分析(DEA)利用对偶理论将分式规划、线性规划转化为对偶规划模型,通过比较各决策单元(DMU)的投入、产出是否位于生产可能集的"前沿面"上来判断其相对效率。借鉴经济学中的"技术效率"相关理论,本研究运用运筹学中的数据包络分析方法,根据资本要素的主质参量界定投入产出指标,构建资本共生关系的动态评价模型,在微观企业和宏观经济两个层面对创投引导基金与社会资本共生体投入产出效率做出评价。

(4)多元回归分析

多元回归分析的目的在于通过构建一个线性方程式来预测解释变量与被解释变量之间的关系,本书的多元回归分析模型旨在探寻创投引导基金与社会资本共生关系的影响因素,以期从优化资本关系的角度为中国科技型中小企业寻求一条价值创造的合理路径。

(5)空间计量经济学方法

采用两阶段 CMM 模型和空间杜宾模型,实证检验制度环境、基础设施对创投引导基金与社会资本共生效率提升的本地效应和空间溢出效应;采用多重面板门槛模型检验创投引导基金与社会资本共生过程规模对经济增长的溢出效应。

1.5.3 技术路线

根据研究内容,本书的技术路线如图 1-2 所示。

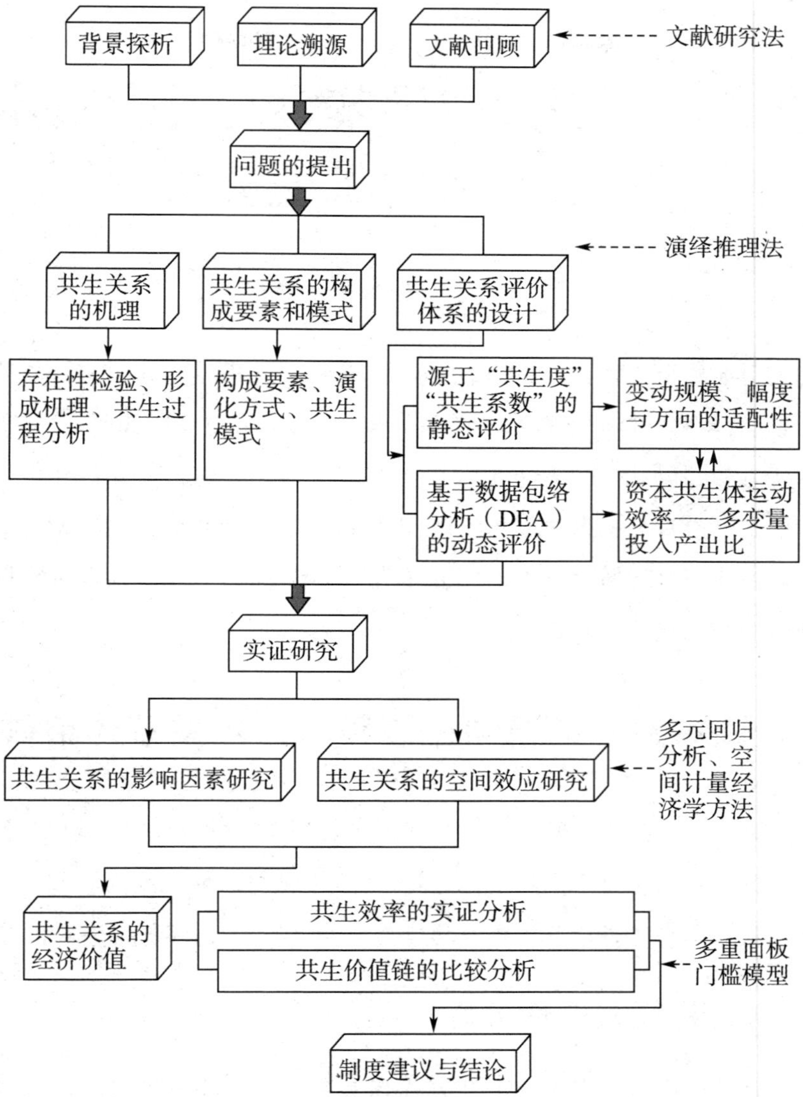

图 1-2　本书的技术路线图

第 2 章　创投引导基金与社会资本共生关系的机理分析

创投引导基金与社会资本“共生体”在本质上反映为一种关系。从其自然属性而言，资本的“逐利性”是共生关系的核心要义；从社会属性而言，体现为不同资本所有者在以“资本”为纽带的社会网络中的共进化行为。这种行为关系既有可能是一方对另一方的单纯依赖（寄生），也有可能是双方借助于一定的介质在非均衡或完全均衡状态下的相互依存、相互促进的共进化（非对称性互惠共生或对称性互惠共生）。

2.1　资本共生关系和生态种群共生关系的相似性

资本共生关系是资本间及资本与外部软硬环境间的互动关系和演化规律。生态种群共生关系是每个生物个体之间、个体生物与环境之间的相互关系和作用规律。依据生态学理论分析资本共生关系，发现两者之间有很强的相似性。

2.1.1　特征相似性类比

通常将特定区域内资本之间相互作用和适应变化的反馈过程称为资本共生关系形成和发展，适应于不同的所有制形式资本。满足科技型中小企业因不断发展壮大而日益增长的资本需求是创投引导基金和社会资本的目的所在。在资本系统中，资本共生表现出两种效应：“正外部效应”和“负外部效应”。这两种效应带来的效果截然不同，而“负外部效应”甚至会造成资本共生发展进入恶性循环。当资本共生表现出正外部效应时，资本共生发展优势可以归纳为以下几点：

①更多的社会资本将会进入创投资本市场；

②可以增强资本供给能力；

③促进资本共生发展进入良性循环；

④促进资本体系可持续发展。

相反，当资本共生表现出负外部效应时，资本共生发展劣势可以归纳为以下几点：

①更多的社会资本将不会进入创投资本市场；

②进入创投资本市场的社会资本大于市场需求，无法从创投引导基金共生中获得相应的利益而退出；

③资本体系失去平衡，资本共生的发展会进入恶性循环。

创投引导基金与社会资本在其中进行资金、技术、人员等交换的复杂系统，被称为资本共生系统，其具有开放性，它的复杂也表现在与外界环境的物质和信息交流上。

如表 2-1 所示，资本共生与生态种群两种系统具有特征相似性。

表 2-1 资本共生系统与生态种群系统特征相似性类比

相似性	生态种群系统	资本种群系统
多样性	遗传、物种、生态关系等多样性都属于生物多样性	资本种群多样性体现在创投引导基金、社会资本等多种分类上
层级性	生物层级性包括生物个体、物种和生态种群、群落、系统等	多级资本体系构成是由资本种群决定的
开放性	开放性包括能量流动、物质循环、信息传递、输入、输出	开放性包括资金、技术、人员等交换输入，以及资源利用和资本供给输出
适应性	适应性包括三方面：①自适应能力；②自我调节能力；③反馈机制	资本种群系统适应性主要有对环境的适应、自组织能力和正负反馈机制
动态性	生态种群系统具有诞生、成长、成熟、死亡的动态性	资本种群系统的动态性是共生演化和竞争协同

2.1.2 资本共生关系的主要生态种群特性

2.1.2.1 演化性

资本自身的内、外部因子是决定资本共生演化的重要因素。这种演化性从本质上来说是生态种群的遗传和变异。从生态种群的生态学理论角度来看，遗传实质上是指一种自身优势发挥过程中的复制遗传优化，即自复制机制，其复制的是资本共生中与生态种群类似的基因特征，测度时间序列的记忆特征可以用 H 指数（即 Hurst 指数）来进行。变异实质上是指提高资本质量即自适应性，也就是说，在创投引导基金与社会资本共生演化过程中，由生态集群的内在需求（自身内部因子）和生态集群变动制度与环境的外部因子（外部因子）的不断变异而产生。

（1）衍生

资本共生关系的另一主要生态种群特性是其生态集群的衍生，成功的生态集群内部衍生活动非常频繁。那么什么是衍生？顾名思义就是因演变而产生，其实质是从物质的母体中得到新的物质，也是资本共生产生新资本的重要方式。资本共生关系衍生方式众多，一般采用投资联合体或开设分支机构方式进行资本规模的拓展，而资本共生产生新资本的重要方式则是衍生。

（2）变异

依据生物种群理论可以看到，种群演变发生的原因有很多：其一，种群基因变异；其二，种群自身变化；其三，种群所在的外界自然选择压力。在一个特定的区域内，由于受资本内、外部环境的互动关系和演化规律的影响和作用，创投引导基金与社会资本逐步慢慢发展和扩张，当资本的规模发展到一定程度时，就会产生规模经济和范围经济。资本系统中的创投引导基金和社会资本之间有横向联系（分工协作）和纵向联系两种关系。当达到一定极限时，随着资本系统中资本数量不断增加会产生众多现象，一是资本之间的竞争加剧；二是系统内资本共生发生演化；三是各个资本主体为自身的发展走向协同。创投引导基金与社会资本发生联系的必要条件是社会资本不断进入资本市场，这也是社会资本与创投引导基金间发生共生演化的必然因素。

2.1.2.2　自组织性

1986 年普里高津(另译为普里戈金)在调研耗散结构理论的时候运用了自组织理论。其中自组织性在国家引导社会资本和基金共生上的特点有下列四个。

(1)系统开放性

系统开放性是环境和系统进行交换的属性,主要包含信息和能量以及物质等。由众多要素构成了国家引导社会资本及基金的共生系统,不论是“资本”还是“基金”均具有系统开放性。对于资本而言,需要在外部市场中输入所需人才及资金等要素。因为资本市场的特点,要与中介服务和政府以及金融机构深化交流及协作,其中主要涉及系统当中有关的资本,同时还要获得与运用地区的区域性资源和市场。所以资本间共生演化的最终结果就是资本系统的外部性效应。图 2-1 所示为资本复杂适应系统的开放性。

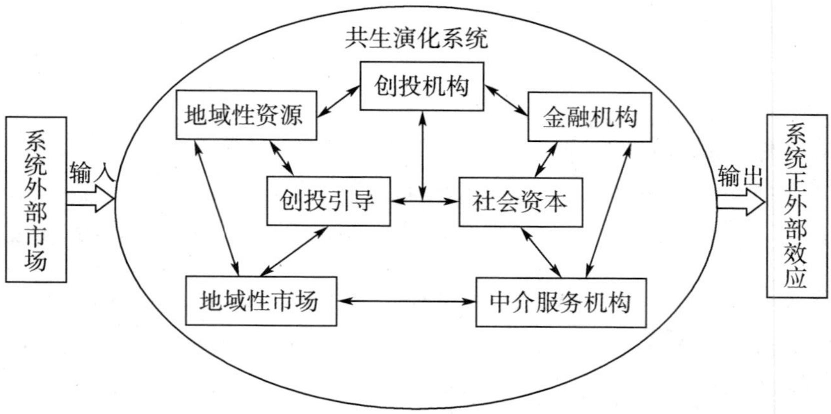

图 2-1　资本复杂适应系统的开放性

(2)远离平衡态

远离平衡态是针对共生系统而言的,也就是由社会资本及创投引导基金共同构成的,具体来讲就是该系统没有资源交流状态。当创投引导基金与社会资本构成的系统处在平衡的状态时,该系统并不会受到时间转变的影响,很明显,共生演化(社会资本及创投引导基金)之中并没有这种平衡。就资本复杂适应系统来讲,社会资本和创投引导基金在提供资本过程中随时都在变化,各投入要素也在变化;要实现社会资本和创投引导基金在资本市场上呈现共生状态的目标,则需要将两者原来的平衡打破,让两种共生关系在边界点进行演化。不论是哪一种作为资本市场的主体都不会平衡,因为资本之间在许多层面都存在差异,例如技术及资金水准和规模的大小,其中在市场上占据领先地位的资本往往是掌握资源最多的,反之,那些掌握资源较少的资本则处在附属的地位,如此一来,在资本系统中经济利润在资本间进行不均匀的流动,主要表现为从规模小的、资金少的资本流向规模大且资金较多的资本。所以,在该系统之中,共生演化处在远离平衡的状态。

(3)非线性

资本主体在市场当中表现为多元化,这部分主体间之所以会处在共生状态,主要是因为要实现顺应社会与日俱增的资本需要之目的,对共生演化(资本之间)有促进作用的是部分资本的运营行为,但是有一些资本会截然相反,会产生弱化的作用。

以下方程能够代表非线性:x_i($i=1,2,\cdots,n$)是资本状态的变量,a_j($j=1,2,\cdots,m$)为控制参数,则资本共生演化方程为

$$\frac{\mathrm{d}x_i}{\mathrm{d}t}=f_i(x_1,x_2,\cdots,x_n,a_1,a_2,\cdots,a_m),(i=1,2,\cdots,n;j=1,2,\cdots,m)$$

若线性函数均为 f_i,则这种“关系”就会演变成线性方程,那么这种“关系”演变为非线性方程的条件是 f_i 当中的非线性方程有一个及一个以上。在资本市场当中,如果资本共生演化加大,那么与其没有线性关系的变量数值就是公司品牌知名度和资本的可获得性,能够得出资本共生演化为非线性的条件是:该演化方程和有关参数及变量分别呈对应关系,所以,该演化属于非线性系统,并且是多层次和多变量以及多目标的。

(4)涨落机制

由混沌转变为有序的核心就是所说的涨落机制,也是熵的减小过程。以创投引导基金作为资本共生的开端,无论涨落幅度的大小,均作用于社会资本以及创投引导基金对应的演化进程。能够对该演化进程发挥微调作用的是微涨落,但是不能让该演化出现本质上的转变;能够让该演化进程出现较大变化的是巨涨落,会让演化呈现质的转变。社会资本以及创投引导基金的微涨落有一定概率转变为巨涨落的条件是它们在资本市场上的交互作用,在微涨落突破临界点之时,相关的演化进程就会被加强,进而使得该系统失去稳定性,以此为前

提，使社会资本和创投引导基金二者间的共生演化初步形成，这一过程主要通过调整来完成，最后，完成有序且平稳的共生演化。相反，微涨落也有一定概率与巨涨落关联性不强，原因就是调整力度比较小，进而不能突破临界点，以致未能形成资本共生演化，详见图 2-2。

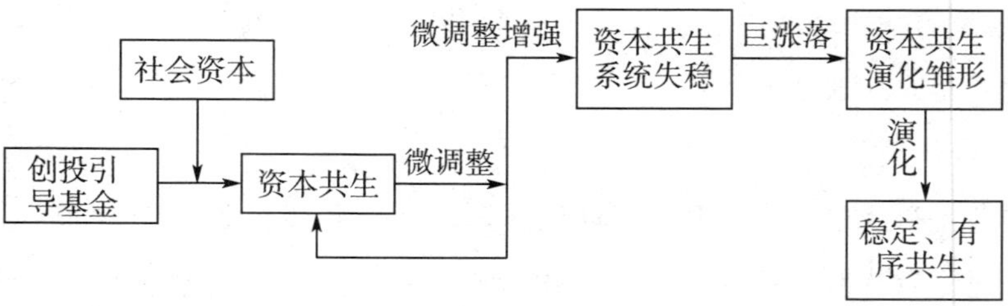

图 2-2　创投引导基金与社会资本间的自组织

2.1.2.3　协同竞争

由生态种群理论可知：处在相同生态种群之中的种群个体，出于为自身争取急需物资之目的，会和除此以外的个体进行争夺，可是，在特定的环境中，其经常会展现协同性。一旦社会资本进入资本市场与创投引导基金进行竞争，就能够促使各个竞争主体之间都保持极度的警惕性，同时还有源源不断的动力。虽然这种激烈的竞争以及不和谐的竞争关系不存在于社会资本和创投引导基金之中，但是出于顺应社会各种资本需要之目的，会以协同竞争的方式存在于二者之间。

(1)优胜劣汰

就生态学而言，种间竞争和种内竞争都属于种群间竞争。属于种间竞争的是创投引导基金和涌入资本市场当中的社会资本间的竞争，属于种内竞争的是创投引导基金和社会资本二者自身之间的竞争。之所以二者自身之间的竞争会造成负面及有害影响，主要是因为有关主体之间对有限资源的争夺。其中竞争机制决定了它们在市场当中的成功与失败。就资源来讲，在资本市场当中资源并不是无限的，并且在一定条件下资本发展所需的资源是不能间断的，而人才、信息、技术和资金等资源要素是资本迫切需求的，同时还有资本需求容量以及资本市场份额等市场资源。在竞争的进程中，风险承受能力极强的是创投引导基金，因为其实力雄厚并且规模较大，所以在和社会资本演化的进程中能够得到的资源较多，而且有一定概率占据主导地位；反之社会资本则不具备较强的风险应对能力，原因是其实力不够、规模不大，往往扮演被兼并及收购的角色。二者自身之间的竞争通常更易强化合作，原因是它们面对相同的内外部环境，首先是提供的业务相同；其次是互相合作能够决定得到资本本身的竞争优势，在很长的一段时间中会有合作与竞争共存的状态，共生演化就是建立在这种持续博弈的基础之上。

（2）合作进化

拉马克和达尔文分别提出了进化博弈论以及生物进化论，其中前者是以遗传基因理论为基准建立的。利用进化博弈论模型能够阐述创投引导基金与社会资本之间的协作。在相关的演化进程当中的行为选择上，最大限度地放大自身利益是短期内资本主体的选择依据，和囚徒困境剖析如出一辙，非帕累托最优策略是囚犯所做出的选择，纵观长远规划，合作策略是创投引导基金和社会资本二者的首选，与此同时子博弈均衡依旧存在。与生态学原理相符的是社会资本和创投引导基金之间的合作进化进程，其中主要涉及几个层面：一是试错，在选择适合的策略之前把所有的策略都试验一遍；二是遗传，将具备的良好合作习惯延续，使资本开设分院及扩大规模时的合作意愿更加强烈；三是学习，获取收益较高的经营理念及经验，其他的资本会效仿。二者在合作进化时不可或缺的要素有两种。一是二者之间的关系具备持续性。它们的合作动机在一次性的博弈时并不会出现，因为这种关系通常会有持续性的特点，通常最佳的关系是一次以上的博弈。二是对于其竞争者而言，资本的主体会对其相应的行为进行调整。对于正面的合作行为资本主体会给出回报，以此确保长久的合作关系，而针对那些负面的合作行为则要给出相应的惩罚，如此一来即可避免因为眼前的利益而使长期利益受到影响。

2.1.2.4 互惠共生

以种群生态学理论为基础，可用类寄生和寄生、中性（neutralism）和互抗（mutual resistance）、捕食（predation）、偏利共生（commensalism）和互惠共生（mutualism）来表示物种之间的关系，和这种关系近似的就是资本共生系统（社会资本和创投引导基金）。

互惠共生是在资本市场上，社会资本和创投引导基金提供资金等资源以满足科技型中小企业的资本需求，二者之间成为相互依存的关系，均可在互动的进程中获得收益，将本身具有的优势充分运用，利用互利的行为获得最终的利益。二者在互动的过程中，不论是哪一方获得利益，另一方都不会产生损失及受到负面影响，即无论是哪一方的行为都不会损害其他方，这种情况就是共栖，也称共生。偏利性合作在二者之间也有体现，也就是它们之中的一方提供资本获益的时候，并不会以损害另一方为基础。捕食指社会资本兼并创投引导基金或者是创投引导基金兼并社会资本。互抗所指的是：其中一方的行为使二者的利益都受到损害。它们之间的互抗行为等同于冲突性竞争，因此会间接或者是直接地损害各方的利益。其中的一种是因为市场有限，拥有资金、技术、人员等资源较多的一方会严重威胁资源较少的一方，间接性的互抗由此产生；还有一种就是某个自办资本占据了领先的地位，进而采用具有攻击性的手段来进行掠夺，导致一系列的直接伤害。而两方均不对对方产生损害的关系被称作中性。以下是它们的具体关系：①正（两方都能获益）；②负（两方之中一方的利益受到损害）；③零（两方均不构成伤害的中性关系）。我们设 A 为社会资本、B 为创投引导基金，表 2-2 是二者的具体关系。

表 2-2　创投引导基金、社会资本间互利共生关系

相关方		社会资本(A)		
		正	零	负
创投引导基金(B)	正	(正，正)互惠共生	(正，零)偏利共生	(正，负)捕食
	零	(零，正)偏利共生	(零，零)中性	(零，负)偏害，竞争
	负	(负，正)捕食	(负，零)偏害，竞争	(负，负)互抗

依据国内的相关规定，社会资本对中型和小型科技公司的投资是受到大力支持的，对这些公司的资本供应任务由社会资本以及创投引导基金共同担负，二者在获取竞争优势上，采取的方式是资本共生。具备溢出效应（技术及资金）的是二者之间的互利共生，如果出现溢出效应，不但能让使用技术及资金的成本下降，而且还不会产生损失，从而使得投入资本市场的社会资本提高了效率。

2.2 创投引导基金与社会资本共生关系的存在性检验

2.2.1 从资本属性的视角梳理资本共生行为

"逐利性"是资本属性的本源。因此,有必要以资本的"逐利性"为逻辑起点,从价值创造与价值分配相结合的角度来进行相对最优共生关系的识别与选择。

首先,寄生一般不产生新能量,仅仅体现为能量从寄主向寄生者的单向流动。从生态学的意义而言,寄生并不一定就是一种不良关系——若寄生者对寄主的能量索求呈递减的趋势,则寄生有可能转化为互惠共生关系;只有当寄生者是一个永恒的能量消费者,即寄主的能量完全被其消耗而导致共生关系的破裂时,才真正地体现为一种有害关系。但是,资本之间的"黏结"若不能产生新能量(新增价值),"黏结"本身就丧失了存在的意义。由此可见,寄生在资本共生关系中缺乏现实意义。

其次,偏利共生的基本特点是共生体产生新能量,但仅流向某一单元,即对一方生物进化有利而对另一方无害。在多元资本协同合作的过程中,彼资本与此资本的"黏合"使得任何一类资本都不同程度地参与价值创造的过程,既然价值的创造凝结了资本共生体中每一类资本的贡献,那么,在价值的分配环节,一方"独揽"全部新增能量明显有悖于"共同出资、共享剩余"的基本规则。生物学家研究发现,自然界客观存在一种"补偿机制",即如果共生体处于开放的环境下,环境作为一种外在驱动对非获利的一方具有补偿机制,从而使非获利方与获利方具有相当的进化水平。同样,在社会经济领域,国家对于某些关系国计民生的战略性产业、绿色生产行业给予不同程度的补偿。即便如此,随着市场化程度的提高,共生环境对非获利方的补偿作用甚微,其效用空间也相当有限。因此,偏利共生由于不利于资本的共进化且受到市场行为的阻滞,其存在的可能性极低。

再次,非对称性互惠共生建立在科学严格分工基础上,能产生新能量且呈现出广谱但不尽均衡的能量分配。从大量实践来看,这是自然界和人类社会最为常见的共生模式。能量分配的均衡与否或者均衡的相对水平与共生界面的作用、稳定性、广泛性及开放度息息相关。正是由于这种“非对称性”的客观存在，共生体中每一共生单元的能量积累及进化程度将出现异步性，最终将导致原有共生关系的瓦解、新共生关系的建立，并且，“瓦解”与“新建”始终处于一种连续的动态过程中，以此推动物种进化的“螺旋式上升”。

新增能量是构建创投引导基金与社会资本共生关系的基本物质联系，而对新增能量的合理分配则构成了两类资本共同进化的物质保障。从较短的时间来看，社会资本的粗放型扩展和创投引导基金的投资不足并存；但从较长的时间来看，社会资本密度的非理性增长和创投引导基金的密度增长受限又都将“收敛”于资本的自限性，最终在某一时点实现密度均衡。

究其原因，一方面主要是市场这一共生界面的逐步完善，其信息丰度的提高、功能的改善极大地带动了共生单元之间的物质、信息与能量的多边交流。市场这一界面对于资本共生单元之间分工、协作框架的构建具有较高的稳定性，即市场不完全受某一特定共生单元质参量变化或进、退共生体等个体行为的影响。

另一方面，Mankiw、Romer 和 Weil(1992)从资本匹配的视角，通过 MRW 模型检验发现，创投引导基金与社会资本的存量比与二者要素弹性比一致时，宏观经济运行的效用最大化。也就是说，两类资本在现实生产过程中客观存在相对最优比，即“静态均衡”，任何偏离均可导致某一领域的产能过剩甚至结构性失业；钱雪娅、王秋实等(2012)通过构建汉密尔顿方程发现，创投引导基金与社会资本的存量比与两类资本各自的储蓄率一致时，经济处于持续增长路径，即“动态均衡”。二者的匹配不仅是存量或总规模的匹配，还要求结构分布或层次上的匹配。由此可见，规模可观且潜在产出率较高的创投引导基金必然寻求具有相似规模、技术含量较高的社会资本共生单元作为其共生伙伴；反之，若与规模有限、技术含量较低的社会资本共生单元协作，所实现的生产率甚至低于该社会资本与生产率水平较低的创投引导基金协作达到的产出水平。同样，高水平的社会资本若缺乏相应的创投引导基金，则缺乏技术创新引擎的共生能量，无以维持共生关系的持续稳定。某一类资本的“任意”扩张不仅打破了存量匹配和结构匹配，共生能量也无从谈起。不同类型资本共生单元对这种“匹配”

的客观诉求，束缚了某一类资本的非理性扩张，同时又“自觉地”引导着异类资本之间的协调发展。

最后，对称性互惠共生是最具效率、最为稳定的共生行为模式。由于所有的共生单元均按照共生投入（损耗）比例分享共生产出（能量），因此，这种广谱而均匀的分配模式，以其稳定而开放的多边交流机制，在推动共进化的过程中最具激励效应。但是，这只是一种理论上的最优模式，现实中存在的概率极低。因此，不将其作为本研究的重点。

正如普里高津(1969)的耗散结构理论所言，“远离平衡的开放系统通过不断地与外界交换物质能量，某一质参量的变化到达一定阈值时，涨落系统的突变将会导致原有的无序（非均衡）转化为有序”。

2.2.2 基于 Logistic 生长模型的资本共生关系的检验

从生态学角度讲，共生体中种群数量受环境因素制约，其演化趋势呈现出“密度依赖”的特点。May 最早运用 Logistic 生长模型提出了共生关系的量化研究思路，即在该模型中引入由共生种群密度表示的线性项，将共生作用视为种群环境容量扩大以及相应种群数量的协同增长。客观而言，容量的扩大并非一个封闭的过程。不论每一单元的初始状态如何，自身容量的扩大都将受到其他共生单元数量变化的影响，从而最终在某一点达到共生均衡。不论均衡点的水平如何，到达均衡才有共进化的可能，即带来多重博弈之后的互利互惠。下面将从理论推导与模型检验两个层面来探讨创投引导基金与社会资本互惠共生关系的客观存在性。

2.2.2.1 密度增容过程中“阻滞作用”的财务意义

从客观意义上来讲，创投引导基金与社会资本数量的增长受到多个因素的限制，具体包括最基本的生产技术及制度安排，从整体上来看，存在极大的“密度依赖”，并且会进一步导致“阻滞作用”的出现。阻滞作用从某种程度上来讲是不可避免的，但是这并不代表它仅仅能够带来消极意义。消极意义主要体现在对于其他共生单元的影响上，会使得其无法更好地发挥再融资能力。具体来讲，如果一家企业处于初始创业期，在该阶段所面临的融资形势较为严峻。

从整个社会生产角度而言，某一类资本种群数量的增长受限又具有一定的积极意义。虽然共生资源是各自独立存在的，并且在两个方面存在差异，一方面是功能，另一方面是作用，但是又是相互依赖的、缺一不可的，个别单元的种群数量无限增长既不现实，也不具有实质性的增长意义。如果只有个别的单元实现了增长，而其他单元均没有实现相对应的增长，在这样的情况之下，无法很好地实现共生进化。而资本报酬率是诸多共生能量中最能量度资本“逐利性”的一个尺度。

资本共生单元的变化是一个动态的过程，它与初始状态有一定的关系，但是所达到的最终状态更为重要。在变化的过程当中，要找到种群数量的平衡点，只有这样才能够实现三方面目标，包括最基本的规模匹配，除了最为核心的能量分配对称之外，还包括较为特殊的功能互补。从时空连续性的角度来看，到达一个均衡点以后，各共生单元又将继续博弈以寻求更高层次的新的“均衡”。从哲学意义而言，共生的根本要义不在于“求同”，也不单纯在于“存异”，而体现为通过多元互补、互助、互利谋求建设性的发展。总之，“矛盾”贯穿于共生体的始终。

2.2.2.2 “阻滞作用”引致互惠共生关系的模型检验

为了进一步检验密度增容的收敛性即“阻滞作用”是否能促进资本共生关系由偏利共生走向互惠共生，本研究借鉴苑清敏、杨蕊(2014)和李福柱、肖云霞(2012)等学者的思路，在 Logistic 生长模型中引入多元共生单元互动影响系数 m_i，即某一共生单元的密度增长不仅受限于自身的种群数量，而且受到处于同一共生体内其他单元种群数量的影响。由此可见，规模的匹配性制约了某一共生单元自身的非理性增长。资本之间的分工机制与网络效应促成了彼此对全局信息的共享以及共生新能量的产生。

由于本研究的共生单元界定为创投引导基金与社会资本两大类，假定创投引导基金对社会资本种群数量的影响系数为 m_1，社会资本对创投引导基金种群数量的影响系数为 m_2，建立修正的 Logistic 阻滞生长模型：

$$\frac{\mathrm{d}N_1}{\mathrm{d}t}=r_1N_1\left(1-\frac{N_1}{K_1}+m_2\frac{N_2}{K_2}\right) \tag{2-1}$$

$$\frac{\mathrm{d}N_2}{\mathrm{d}t}=r_2N_2\left(1-\frac{N_2}{K_2}+m_1\frac{N_1}{K_1}\right) \tag{2-2}$$

式中：$\frac{\mathrm{d}N_1}{\mathrm{d}t}$、$\frac{\mathrm{d}N_2}{\mathrm{d}t}$分别是创投引导基金、社会资本增长率，用以描述单位时间两类资本数量的改变；r_1、r_2 分别为创投引导基金、社会资本的自然增长率；N_1、N_2 分别是创投引导基金和社会资本种群密度，即资本规模的大小；K_1、K_2 分别是资本市场对创投引导基金、社会资本最大的承载力或资本发展极限，用以刻画资本的环境容纳量或稳定平衡密度；m_1、m_2 分别表示创投引导基金对社会资本的影响和社会资本对创投引导基金的影响（$0<m_1m_2<1$）；$1-\frac{N_1}{K_1}$、$1-\frac{N_2}{K_2}$分别为创投引导基金、社会资本各自随产出水平的提高而表现出来的“自我抑制作用”（密度依赖），或称之为“阻滞作用”。

创投引导基金与社会资本各自的产出水平与二者能否达成密度均衡进而获得互惠互利的共赢紧密相关。如图 2-3 所示，坐标系中有 O、E_1、E_2 和 Q 四个均衡点，并且 $N_1^*=\frac{K_1(1+m_2)}{1-m_1m_2}$、$N_2^*=\frac{K_2(1+m_1)}{1-m_1m_2}$。对于任意初始点（$N_1^{t0}$，$N_2^{t0}$）均存在（$N_1^t$，$N_2^t$）趋向于点 $Q(N_1^*,N_2^*)$。在企业价值创造过程中，两类资本由于相互协调、分工合作，促进了资本要素的重新组合，使其在不断适应市场这一生态环境的过程中达到动态均衡，才是互惠效应的实质所在——通过必要的“阻滞”走向共生体发展的阈值。

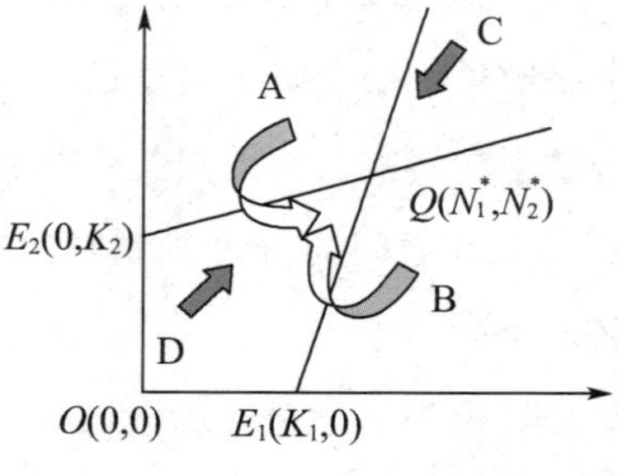

图 2-3　创投引导基金与社会资本共生的互惠效应

具体而言，在 A 区域，创投引导基金与社会资本的初始规模差异极大，呈现出“强创投引导基金、弱社会资本”的特征。现实中，处于衰退期或转型期的企业多具有上述特征。例如，由于不注重企业文化的挖掘与传承、在高速增长过程中研发的滞后、企业规模扩张进程中管理模式的落伍等因素，诸多科技型中小型企业在转型期出现大量的资本外流就是一个例证。因此，在创投引导基金与社会资本相互依存、分工协作的过程中，企业可通过货币化投资推动组织学习、知识共享，以实现创投引导基金内源融资；通过外部招聘、引入客户参与式创新机制，扩大创投引导基金外源融资，使二者最终在 $Q(N_1^*, N_2^*)$ 达成均衡。

在 B 区域，“强创投引导基金”与“弱社会资本”并存，二者的初始规模同样差异较大。现实中，处于初创期的知识密集型服务企业（KIBS 企业）或新三板的科技型中小企业多具有上述特征。从“阻滞”的一面来看，高质量的人力资本、科学完善的结构资本以及高忠诚度、高创新参与度的客户资本若与低水平的社会资本相匹配，创投引导基金应有的价值创造能力必将受到削弱。在此状态下，知识生产力缺乏一个被激活的物质载体。由于社会资本的匮乏所引起的生产力低下的情况将进一步抑制企业对创投引导基金的需求。从整个资本市场来看，单一企业创投引导基金的超规模积累只是一种短时期的“非理性”现象；而从一个较长时期来看，共生体中任何一个共生单元的超常发展于己于他都是无益的。因此，它必将遵循“阻滞作用”的调节，以促进两类资本在价值创造实践中通过反复博弈，回归于均衡点 $Q(N_1^*, N_2^*)$。

在 C 区域，创投引导基金与社会资本的初始状态都较强，其层次的匹配性和规模的匹配性均大致相当，现实中处于成长期的企业多具有上述特征。但即便如此，两类资本由于固有生产率水平的差异而导致回报率的差异，以及密度增容的递减趋势，使其在协同的过程中收敛于低于初始状态的均衡点 $Q(N_1^*, N_2^*)$。尽管均衡状态的值低于其初始状态，但明显高于两类资本的发展阈值，其积极意义正如林毅夫教授在探讨宏观经济过剩时所指出的，此类现象也可视为微观领域资本共生对“双重过剩条件下的恶性循环”的一种自觉规避。

在 D 区域，创投引导基金与社会资本的初始状态都较弱，处于种子期、初创期的科技型中小企业多处于这一境地。该类组织的融资渠道较为狭窄，两类资本总规模及其结构难以满足其快速发展的内在需求；组织结构及相应的规制尚未完善，从而导致资源配置处于相对无序状态；信息化水平的滞后进一步束缚了共生单元的自由选择。总之，“两高”（高税负、高成本）和“两难”（融资难、用工难）的并存，使得此类共生体在以市场化为主导的共生环境下举步维艰。

此时，适度的宏观干预对于共生环境的优化极为必要。例如，2011 年中国银监会发布了民营商业银行可发行专门针对小微企业贷款的金融债的决定，2012 年国务院出台了关于支持小微企业健康发展的相关配套措施，2014 年财政部和国家税务总局颁布了《关于小型微利企业所得税优惠制度有关问题的通知》等。随着融资瓶颈的逐步突破及各项制度的出台，加之小微企业自身具备的灵活度高、就业容量大等优势，其两类资本的总规模及其结构日趋走上良性发展的轨道。由此可见，两类资本的互惠关系不仅是资本逐利性这一主质参量的函数，同样也是市场机制与国家调控“和谐共生”的产物。

2.3　创投引导基金与社会资本共生关系的形成机理

2.3.1　社会网络分析的基本构成及其内涵

20 世纪中期，Barnes(1954)在研究挪威某渔村的阶级体系时使用“社会网络”一词。所谓社会网络，是指社会实践的行动主体及各行为主体之间关系的集合。这里的“行为主体”既可以界定为自然人，也可以界定为群体、组织、企业甚至国家。能够反映社会结构的是在社会中人与人基于关系所发生的相互作用。因此，社会网络分析的焦点就在于“关系”和“关系模式”，其目的在于通过对行为主体之间关系模式的定性、定量分析，获取该模式所折射出来的现象或属性。综上所述，社会网络关注的内容有两方面，一方面是社会联系，另一方面是社会联系作用在行为上所产生的效应。

社会网络分析(social network analysis，简称 SNA)主要涉及行为主体、关系、中心度、网络密度等基础性的概念。“行为主体”即由互动而形成相对稳定关系体系的实践者，即网络结构关系图中的“节点”；“关系”即行为主体之间的关联，体现为图 2-4 中的各条线，它构成了信息、资源有效传递与共享的基础；“中心度”是指某一行为主体在整个网络中相对于其他主体的位置，用来表征其影响力；“网络密度”指网络中行为主体实际形成的关系数量与最大可能形成的关系数量的比。

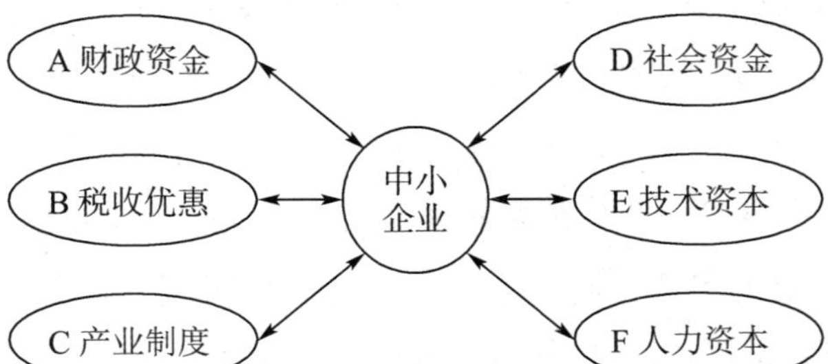

图 2-4　创投引导基金与社会资本各要素之间的低密度网络结构

如图 2-4 关系图谱所示，与创投引导基金相关的社会网络要素(财政资金、税收优惠、产业制度)、与社会资本相关的社会网络要素(社会资金、技术资本、人力资本)以及网络中心要素中小企业，共同构成了网络结构中的 7 个行为主体，根据排列组合可知，该社会网络最大可能的关联数为21。在低密度网络结构中，只考虑两类资本的各组成要素、和上市公司之间的、关联，仅构成了6组关系，其密度为6/21，28.57%；而图2-5则勾勒出了一个各组成要素相互关联的拥有14组关系的高密度网络结构，其密度值为14/21，66.67%。

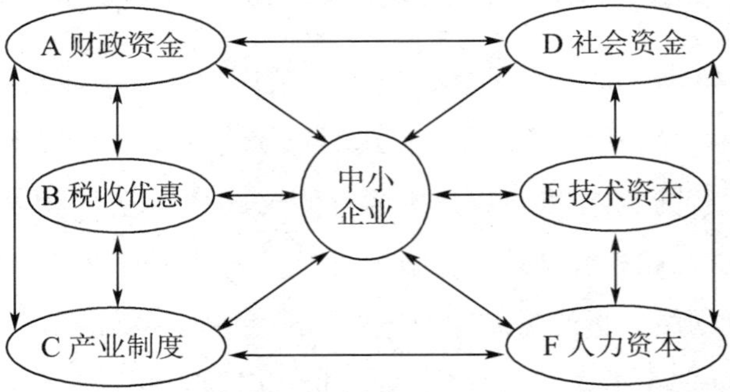

图2-5 创投引导基金与社会资本各要素之间的高密度网络结构

2.3.2 嵌入社会网络分析的资本共生关系形成机理

第一，从网络密度的角度来看，共生体的信息丰度、共生界面的特征值、共生能量分配的均衡性以及相关的制度安排与网络密度均存在密切的联系。例如，图2-4中各个节点所代表的资本共生单元仅与企业发生联系，通过企业这一媒介来获取信息、寻求共生伙伴、分配共生能量，而各行为主体本身并未发生直接的联系，其网络密度相对较低。从共生界面来看，这种单一介质界面是一种典型的“半直接进入式”交流。由于其成本较高、耗时较长、接触面有限，难以形成连续共生或一体化共生模式。总之，此类结构松散的社会网络使得每一行为主体达到其他主体并与之发生关系的路径较长且成本较大，社会网络对不同行为主体影响的辐射力也较弱；相反，图2-5中，各行为主体不仅与企业这一共生介质发生直接关系，同时还存在临近节点之间的彼此直接关联，其网络密度远高于图2-4所勾勒的网络关系。这种结构紧密的网络结构不仅降低了信息搜寻成本、提高了沟通的畅通度，而且加大了行为主体之间互动的频度与深度，提升了特定行为主体对其他行为主体的影响力（中心度），有助于促进非正式行为规范在整个网络结构中的传播。

第二，对“互惠”的深层次理解有必要借助于社会网络分析方法。尽管前文论证了创投引导基金与社会资本客观上存在着互惠关系，但传统意义上的“互惠”主要表述处于同一边界内各要素彼此之间的相互依存、相互促进、共同发展的关系，并未对彼此之间这种互惠互利的原动力做出明确的描述。社会网络分析中有一个重要概念——“场”，即由众多行为主体构成的一个具有相对边界的网络，该网络蕴含着各种作用力即“场力”。场力并非一个“人造系统”的产物，而是内隐于行为主体在实践活动中所构筑的关系结构之中。社会网络分析的着眼点不在于个体行为，其研究目标是个体行为所构筑的社会关系、关系结构的属性及其对行为主体的影响。下面将从社会网络的视角来分析创投引导基金与社会资本的互惠共生关系。

创投引导基金与社会资本所构筑的共生体类似于一个具有相对边界的场。场的形成受到资本共生引力的驱动，即对资本保值增值的诉求作为一种自发力量黏结着不同资本共生单元，使之在分工协作的交往中形成特定的网络结构。在资本共生体中，“场力”既可能体现为国家宏观制度法规、行业惯例、资源配置手段等显性因素，也可能体现为企业文化、组织远景、社会声望、组织柔性等隐性因素。场力具有现实效力，根本原因在于两类资本主质参量的“兼容性”。

不同资本在分工协作、分享共生能量的过程中均受到“场力”的影响或制约。在资本共生体中，在共生界面单一且不稳定的资本市场环境下，特定资本在整个网络中的中心度即影响力较弱，大量处于分散状态下的资本难以与其他资本形成紧密的网络关系，无法实现个体行为到集体行为的演化；相反，在信息分布均衡、交流畅通、相对透明的共生界面中，处于分散状态的各类资本能够经由共生这种特殊的路径“自组织”地形成一个场，而场力又规范和约束着共生单元的个体行为，从而形成了一种“个体行为推动集体行为、集体行为影响个体行为”的机制。这一过程如图 2-6 所示。

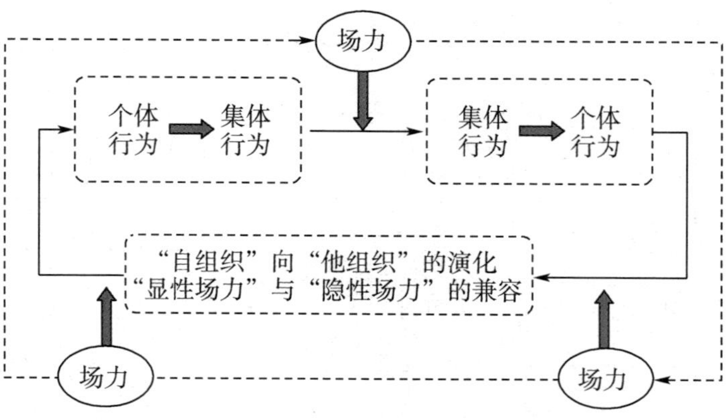

图 2-6　基于“场力”的共生关系分析

第三，本研究引入“场”与“场力”的概念，不单纯是要以此来拓展对互惠共生关系的理解。更为重要的是，它对后面共生关系的测度具有一定的启迪意义。

一方面，创投引导基金与社会资本的互惠关系首先体现在“量”的层面，二者规模的积累及其结构的匹配可视为“场力”发生作用的静态结果。资本共生单元在交互行为中不同程度地影响着资本网络关系的结构属性，进而引导集体的决策行为。在价值创造过程中，两类共生单元为了寻求资本增值而达成结构契约，即彼此在规模上“自发地”形成一种相对匹配。这一契约的达成与实施并非源自“场”外的强制力量，而是一个根植于网络内部的“自组织”行为。例如，以股份制改造、增资配股、企业收购为主的共生界面不仅加速了优势企业创投引导基金与社会资本规模的扩张与结构的匹配，还提高了劣势企业既有资本的利用效率。

另一方面，创投引导基金与社会资本的互惠关系还体现在“质”的层面。资本共生单元基于资本保值增值的诉求达成网络契约，并通过自身量的积累及其与其他行为主体结构上的匹配影响着“共生体”的集体行为。但是，个体对集体影响力的大小不仅取决于个体的规模，即特定个体的“中心度”，而且还受限于行为主体在关系构建与维护中的“效率”，即共生体的投入产出比。孙咏梅(2007)指出，经济增长的速度在很大程度上取决于资本效率的高低。因此，正是由于资本天然地具有资源配置功能，若将无数微观的资本共生体所构筑的“场”视作一个相对宏观的“大场”，那么宏观经济的运行质量在一定意义上也就可以理解为资本共生效率。综上所述，在资本共生关系的测度体系中，有必要从“静态”与“动态”两个层面综合考虑相关的影响因素，其基本框架如图2-7所示。

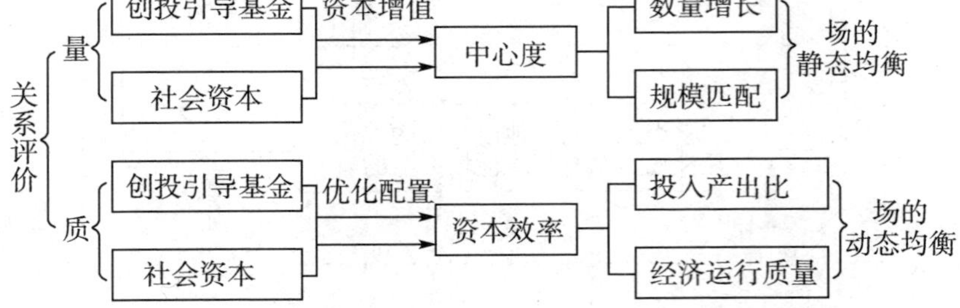

图 2-7　社会网络中“场”视角下的资本共生关系评价的基本框架

2.4　创投引导基金与社会资本共生的过程分析

学者研究分子生物时会依据超循环理念采用自组织方法论研究相关课题，此理念和方法同样可以从宏观和整体视角来揭示创投引导基金与社会资本共生过程所蕴含的机理。先简单分析一下超循环理念是如何运用自组织结合方法研究探讨分子生物进化机理的。自组织结合方法本来是研究生物起源过程中相关组织结构在没有外界指令干扰的情况下进行的由无序向有序演化的过程的，因此也可以用来作为一种探讨如何有效展开事物之间相互结合的方法。超循环理念同样用来研究生物演化过程中分子自组织阶段形成的超循环，因此也可以用来研究探讨子系统之间相互作用与演化进而形成更高层面的相互作用从而构成超循环的机理。

依据超循环理念，可以将创投引导基金与社会资本之间相互促进的发展过程看成一个超循环系统，同时将该系统内部主体要素之间相互作用机理视为自组织作用，其中内部要素涉及金融机构、科研机构、中介服务机构等；系统外部要素涉及经济法律等。创投引导基金与社会资本是两个相对独立的子系统，二者共生演化的动力基础是自催化循环作用和交叉催化循环作用，在此推动下形成更高层次的超循环发展模式，从而推动共生系统整体进化发展。因此，创投引导基金系统与社会资本系统的自催化循环是二者共生系统运行的基础，同时二者之间交叉催化循环又为共生系统的演化发展提供了动力，在此动力推动下形成超循环进而维持共生系统进化的良性发展。

2.4.1　子系统自催化

在创投引导基金与社会资本共生进化发展过程中，二者依托自身内部和外部主体要素之间能量的耗散完成自身成长，这个成长过程是在自催化作用下完成的，因此子系统的自催化作用是共生系统实现良性发展的基础。

社会资本子系统的主体是各大商业银行、证券和保险公司等，这些资本主体利用自身资本、技术、信息、人力等优势资源进行系统性的投资活动，并以此获取增益反馈，较高的投资效益是一剂有效的催化剂，从而刺激这些资本主体进行新一轮投资活动。随着增益反馈的增强，投资效益不断扩散并被其他投资主体所吸纳，形成了社会资本的扩散链。投资效益被广泛地宣传，投资—扩散—再投资持续发展，从而推动社会资本子系统在自催化作用下实现循环，其循环机理如图 2-8 所示，其中 $S_1, S_2, \cdots, S_n$ 分别代表社会资本主体，$A_1, A_2, \cdots, A_n$ 分别代表作为催化剂的社会资本投资效益。

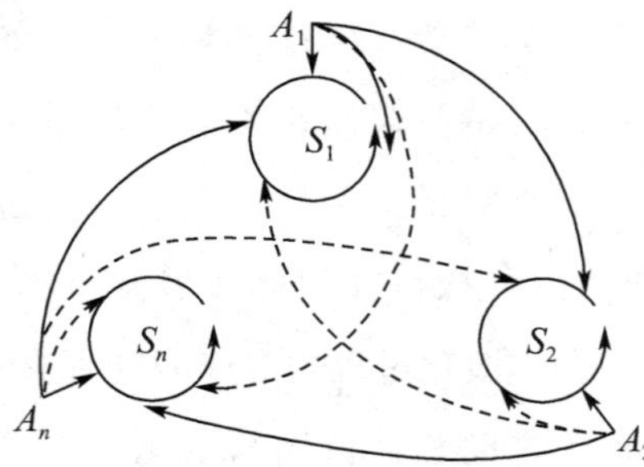

图 2-8　社会资本子系统自催化

由社会资本子系统的循环机理类推创投引导基金子系统的自催化过程，得到创投引导基金投资的企业中，企业经营者会凭借自身对市场发展前景的敏锐嗅觉主动采取技术创新措施适应市场发展的需求，这些创新措施会将科学理论与最新科研成果相结合，通过新技术开发新产品并及时投入既有市场中，从而推动社会市场发展。由此可见，正是创投引导基金助推了企业对新技术产品的研发和推广，在这个过程中它不仅推动了市场经济发展，而且使研发企业和创投引导基金都获得超额利润，因此创投引导基金资金是催化剂，有力助推相关企业进行二次创新，从而产生创新成果，进而促进相关行业技术实现质的飞跃。因此，在创投引导基金子系统内部循环发展过程中，创投引导基金的投资和资金影响的扩散，为企业和创投引导基金自身的发展提供了动力。创投引导基金子系统在自催化作用下实现循环，循环作用提高了创投引导基金系统的整体能力。其循环机理如图 2-9 所示，其中 $G_1, G_2, \cdots, G_n$ 分别代表创投引导基金主体，$B_1, B_2, \cdots, B_n$ 分别代表作为催化剂的创投引导基金投资效益。

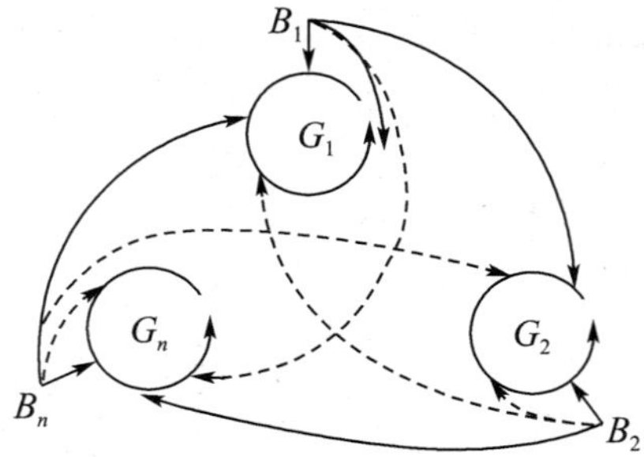

图 2-9　创投引导基金子系统自催化

2.4.2　子系统交叉催化

创投引导基金所投资的企业在技术研发、新成果转化以及产品商业化的各个阶段，都需要社会资本的积极参与。社会资本积极参与相关企业技术创新，不仅能够有效降低新技术研发和推广的成本和风险，而且能够使新技术成果在推广过程中快速获得各种社会资源的支持。首先，社会资本在循环发展过程中能够催生有效的新型资本市场和信用贷款模式，使社会资本以新的融资形式注入创投引导基金主体中，为其提供充足的资金支持；其次，社会资本在投资风险识别和管理方面具有独特优势，不仅能够保证资金的使用效果，而且能够帮助相关企业有效规避风险；再次，社会资本能够为技术研发企业及时传递信息，消除信息不对称带来的风险，同时还能够帮助企业完成价格发现，制定合理的技术定价，从而增强了技术创新企业系统运行的稳定性；最后，社会资本在积极参与企业技术创新的过程中不仅能够获得相应的投资效益，而且能够充分利用创投引导基金所投资企业形成的新技术、新产品平台，为自身进一步发展奠定基础，从而改变了金融机构的发展经营方式，促使其不断向虚拟化、智能化、无形化金融服务方向发展。

创投引导基金与社会资本二者之间的相互促进作用实质是一种交叉催化作用，影响彼此的进化成长。如果这种催化作用能够正向影响双方进化发展，双方之间就会形成一种良性的交叉催化循环，从而成功实现共生，其作用机理如图 2-10 所示。二者成功实现共生，会产生巨大的示范效应，吸引更多社会资本和创投引导基金主体加入，从而使这种共生的循环规模进一步扩大。

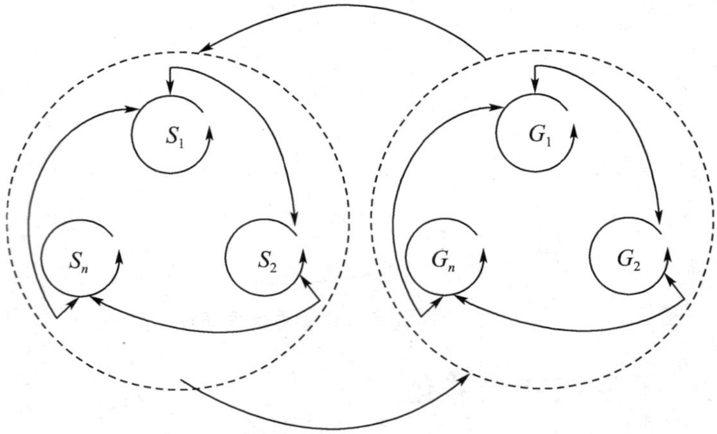

图 2-10 创投引导基金与社会资本子系统交叉催化

2.4.3 共生系统超循环

创投引导基金与社会资本形成的共生系统是一个复杂的超循环系统，具有开放性，因此在循环发展过程中经常会遇到内部要素、外部环境的干扰而发生突变，打破相对平衡状态，从而表现出一定的脆弱性。

共生系统发生突变失去平衡会产生新结构、新功能和新的整体，从而引导该系统远离原来的平衡状态，由此助推共生系统完成进化升级并趋于新的稳定状态。一方面，如果投资主体的利益不趋同就会阻碍社会资本与创投引导基金共生循环系统的发展，从而推动二者形成新的共生系统。为了实现双方的共赢，创投引导基金与社会资本主体需要在各自内化对方优势的基础上调整自我发展战略。调整后的创投引导基金和金融机构通过科技企业这个载体完成相互参股、控股，使相关企业成长为集科技产业和金融产业优势于一体的综合性产业集团，因此创投引导基金与社会资本只有通过内化各自优势，实现协同效应，才能提升二者的共生效率，同时促进共生系统实现质的跃升。另一方面，如果突变活动发生，不仅破坏子系统和共生系统，而且使之不可逆转地让位于另一系统。譬如，在二者共生循环发展过程中金融市场爆发金融危机，导致二者自身和共生系统内外风险骤然升级，从而使创投引导基金和社会资本共生系统的循环发展的动力全部丧失，或者部分丧失。因此，只有突变体的负面作用逐渐消除，才会形成有利于共同系统发展的内外部环境，此时新的共生系统就会逐渐形成。

在创投引导基金与社会资本共生发展过程中，不仅共生系统通过超循环实现成长，而且每个子系统也实现自催化成长，同时子系统之间还发生交叉催化作用，这种交叉催化动力会在共生系统内部不断产生循环激荡效应，从而催生新的共生系统并产生新一轮的循环过程。其作用机理如图 2-11 所示，创投引导基金与社会资本共生系统的超循环机理实质上是一个三层嵌套结构：首先是子系统自身的自催化循环；其次是同级不同子系统之间的交叉催化循环；再次是异级子系统之间的交叉催化循环。图中 SS_1，SS_2，…，SS_n 分别代表社会资本子系统的自催化循环，GS_1，GS_2，…，GS_n 分别代表创投引导基金子系统的自催化循环。如果受到内外部因素的干扰，二者各自会出现突变，譬如由 SS_1 进化为 SS_2，如果条件成熟就会出现新的交叉催化循环进而逐渐发展到超循环体系。创投引导基金与社会资本共生系统在自催化和交叉催化的作用下不断进化和发展，进而形成紧密联结、更大规模的超循环系统。可见创投引导基金与社会资本的共生系统是在从简单到复杂、从小范围到大范围的自组织演化过程中发展起来的。

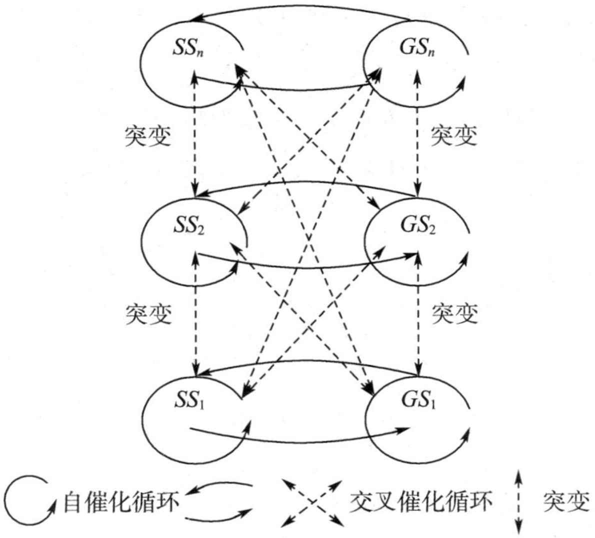

图 2-11　创投引导基金与社会资本共生系统超循环

2.5 本章小结

本章首先在对比资本共生关系和生态种群共生关系的基础上，界定了创投引导基金和社会资本共生体具有双重的属性（即共生演化和复杂适应性）。

其次，从资本属性的视角再次梳理了几种典型的资本共生行为，并借鉴 Logistic 生长模型检验了创投引导基金与社会资本的互惠共生效应的客观存在性，指出在我国市场经济初级阶段这一特定的情境之下，互惠共生是对两类资本共生行为最为现实的刻画，这种互惠关系有效地推动了两类资本的共进化（尽管进化的程度与步伐存在差异）。

接着，借鉴社会网络分析的相关理论分析了基于“场力”的资本共生关系形成机理，并指出创投引导基金与社会资本的互惠关系首先体现在“量”的层面，二者规模的积累及其结构的匹配可被视为场力发生作用的“静态结果”。同时，二者的互惠关系还体现在“质”的层面，因为个体对集体影响力的大小不仅取决于个体的规模，而且还受限于行为主体在关系构建与维护中的“效率”，即共生体的投入产出比。

最后，基于超循环方法论分析了资本共生的一般过程，包括了创投引导基金和社会资本两个子系统的自催化与交叉催化过程，以及整个共生系统的超循环过程。

第3章 创投引导基金与社会资本共生关系的构成要素和模式分析

由上一章的分析可知，创投引导基金与社会资本各要素构成的共生体是一个类似于生态种群的复杂系统，其构成要素可分为共生单元、共生环境和共生界面。这三大要素在共生系统中相互作用、相互影响，共同影响着创投引导基金与社会资本共生动态演化方式、趋势与共生模式。

3.1 创投引导基金与社会资本共生关系的构成要素

3.1.1 共生单元

共生关系的基本单位是共生单元，同时，它也可以为共生关系的存在提供一定的物质条件和保障。如果对资本系统进行解析，那么共生单元就是创投引导基金或社会资本，它们向企业提供更加优质的资本。创投引导基金与社会资本之间的交互作用、共生演化可以促进资本水平的提高，缓解企业融资难的问题。共生单元在资本系统内有可以独自适应和组织的优点，主要体现为除实现自身功能时，还可以和共生单元协作，实现更大的价值，根据集体合作的行为来适应一直改变的不确定性投资和投资制度所存在的环境。由于共生单元之间性质不同，可分为同质共生单元和异质共生单元。

①同质共生单元，就是相同的共生单元所需要的资本具有一致性，证明创投引导基金和社会资本所提供的资本之间没有差异，企业可以选择社会资本，也可以选择创投引导基金。创投引导基金与社会资本有相同性，也有相似性，这种性质的资本共生单元之间的关系多为竞争合作关系，也称为竞合关系。

②由共生单元提供的资本之间具有差异性，或者是创投引导基金和社会资

本之间存在一定的区别，异质共生单元会通过各自资源存在的优势吸引不同的资本供给，公司也会通过自身条件来选择功能性不同的共生单元。所以，异质共生单元主要体现为互补合作关系。

3.1.2 共生环境

共生环境是共生单元存在的外部条件，属于共生系统，资本系统中资本所面对的全部影响经营变量的总和就是创投引导基金和社会资本的共生环境，其中包括投资制度环境、资本市场环境、企业文化环境等。创投引导基金与社会资本在进行资本投资时，务必在特定环境中进行。对创投引导基金与社会资本而言，其所面临的投资制度环境、资本市场环境、企业文化环境等属于外生因素，这些因素对资本的影响比较大，特别是社会资本对创投引导基金的作用有着巨大的影响，创投引导基金和社会资本构成的共生体成为资本的提供者，明显对共生有一定的依赖性，就像激励社会资本进行投资、创投引导基金开始改革、投资制度发生变化和资本市场进行整理规范等，在一定范围内都会影响创投引导基金和社会资本共生演化的方向和进化速度。

3.1.3 共生界面

共生单元之间互相作用和沟通的媒介，是共生单元间交流形式和方式的总和。在特殊的环境中，每两个或者多个共生单元间进行交流和沟通的媒介和载体属于共生关系存在的基本条件。共生单元进行沟通交流的时候，一般在共生界面进行，共生界面不仅会抑制共生单元间的共生关系的发展，还会降低共生效率。创投引导基金和社会资本之间进行共生演化时，通常将共生界面分为两部分，一是内部共生界面，二是外部共生界面。①内部共生界面是根据资本所形成的投资业务模块形成的，代表着共生单元间投资业务模板的接收模式。②资本市场存在的监督管理体系、继续投资的商业平台、投资相关制度等都属于外部共生界面。

3.2　创投引导基金与社会资本共生关系的演化方式

创投引导基金与社会资本共生关系的演化是从低级阶段向高级阶段运动的“正向相变”，是一个复杂系统渐进式与突变式运动相互交织的过程。研究者倾向于使用“还原理论”来解释系统的变化，即整体源于局部、局部决定整体。但在面对相对复杂的系统，比如生态、神经、经济系统等时，该理论却显得“捉襟见肘”。由美国学者成立的圣塔菲研究所(Santa Fe Institute)倡导，应将复杂系统研究的关注点由系统的每个细节转向不同系统之间的共性——主质参量。在这一要素的推动下，简便规则是系统之中个体所必须遵循的，在整体的构成上，局部之间的相互作用会使得部分前所未有的规律或是属性在系统层面突然出现，也就是所说的涌现。下面将承袭这一思想来探讨创投引导基金与社会资本共生关系演化的路径。

3.2.1　基于“自组织”行为的资本共生单元遴选与匹配

系统之中的有序结构或者是其产生的进程就是“组织”。H. Haken(德国理论物理学家)的观点是：以组织进化为出发点，可将其形式划分成两类，即自组织以及他组织。依据外部指令而产生的是他组织；依据某个互相默契的规则而产生的是自组织，最终产生有序结构，主要是因为它们各司其职，并且互相协调。耗散结构理论、协同论与突变论构成了自组织理论的基石。就共生系统而言，“优胜劣汰”与“涌现”自发地推动着组织结构和运行模式从低级到高级不断地自我完善，从而提高其对于环境的适应能力。因此，共生关系演化的首要因素并非系统外的作用力，而是源自系统内部遗传突变的自然选择机制。

共生关系是一个共生单元基于稳定性联系的结构化状态，更是一个共生单元在系统质参量引导下不断沟通、选择与更新的动态过程。从相对微观的角度来看，每一个企业可被视为一个资本共生系统，该系统在运动过程中所孕育的共生关系及其演化发端于各行为主体对共生对象的遴选、匹配与更新。对于规模可观、资金储备水平较高的创投引导基金共生单元而言，若选择稳定性较低的社会资本共生单元，共生体即便在短时期内通过“寻租行为”获得丰厚的利益，共生单元出于自身利益的诉求也将重新遴选新的、匹配度更高的共生伙伴，从而在客观上推动共生关系向高层次演化；同理，优质的创投引导基金与规模有限、稳定性较低的社会资本可能构建偶发性的“点共生”或“间歇共生”关系，但当该类关系无法带来相应的资本回报时，创投引导基金共生单元必然选择新的共生伙伴。由此可见，随着资本配置市场化程度的提升，这一重新遴选过程对共生关系的改善并非直接源于环境等外生力量，而是系统内部各单元之间的互动对共生体的一次“否定之否定”。此外，即使两类资本的初始匹配度非常理想，但在共生关系存续期内，一方的规模、结构与技术水平发生了显著的变化，而另一方依然处于初始状态，那么，这种由于共生单元质参量匹配失衡带来的能量分配失衡最终将“瓦解”初始共生关系。

总之，不论是初始遴选还是后续遴选，共生单元之间自发性的匹配都要受到一定“规则”的制约。只不过，这种规则并不是系统外部力量强加于共生体的，而是系统内各共生行为参与者在反复博弈中通过“自我意识”发掘、认可并共同遵守的一整套公知公认的规范，即局部作用于整体时“涌现”出来的新属性。

3.2.2 基于资本竞争行为的积累

上述的遴选与匹配是一个微观视角的演化路径，从一个更为宽泛的视角来看，资本共生单元跨行业、跨地域之间的竞争同样能推动共生关系的演化。资本是价值的载体，因此资本竞争成为不受产品、服务等载体及空间地理条件束缚的一种特殊形式的竞争，其核心动力源自资本的“增值性”这一主质参量。在竞争的压力下，资本积累成为一种必然趋势，并且资本积累与技术变迁、产业结构升级以及资本共生关系有着紧密的线性关系。

如果说企业是微观层面的共生介质，那么，行业与区域可被视为中观层面的共生介质。资本流动所遵循的基本规则是资本的回报水平，当大量的社会资本流向高盈利行业，迫于竞争的压力，企业不得不通过吸纳高质量的人力资本、先进的生产技术并提高知识产权的转化度来获得资本回报，以实现更大规模的留存收益转增资本。然而，现实中过度的社会资本积累往往导致“投资”让位于“投机”，从而产生大量缺乏物质载体的虚拟资本，最终导致资本收益水平的下降。因此,从共生的角度来解读资本竞争,应该同时关注社会资本积累与创投引导基金积累的规律。

3.2.3　基于价值功能差异的时序组合

“自组织”理论指出,系统内部各要素能由无序走向有序是基于系统非均衡性带来的非线性作用,这一作用是系统由低级向高级进化的重要动力之一。创投引导基金与社会资本在价值功能上存在“先天性”的差异——这种差异既是对立的,也是互补的。正是这种差异促成了系统内非线性作用的产生。

薛永应、刘景林(2015)等认为,生产力的发展运动存在时间上的次序性,即“生产力时序”。从横向角度来看,诸生产力因素除了保持较为精准的“质态”组合关系、“量态”组合关系和空间组合共生外,还应保持较为一致的时间组合关系。若生产力系统内某一因素的进入或退出在时间上有延迟或与整体不尽吻合,那么自然就会影响系统的进化。从纵向角度来看,生产力诸因素的自身延续存在继承性,在技术上应相互适应、相互配合,按自然规律进行物质循环与转化。任何超前的或滞后的物化行为都将可能带来系统整体的“退化”。资本作为生产力的现实载体与具体表现,同样存在着“时序差异”。为了实现资本共生体由低级向高级的演化,有必要以资本共生单元价值功能的差异性和“质态”“量态”的非均衡性为切入点,通过制度引导与适度干预,引导两类资本在横向与纵向两个维度实现时间组合匹配与良性循环。

首先,从横向来看,资本共生非时序匹配的表现是某一类资本无法及时参与共生体的运动中,或者属于产业淘汰的资本要素无法及时退出共生体,从而导致其他共生单元承担大量的非生产性储存损耗,共生能量的产出受限。此时,能量分配即便是对称性的,也只是一种总量有限水平上的“低端对称”,共生关系始终以“点共生”“间歇共生”等组织模式徘徊于低级阶段。其次,从纵向来看,不论是社会资本还是创投引导基金,其发展运动均存在时间上的连续性与继承性。这种“继承”是共生体自我繁衍与更替的物质保障,也是共生态演化历程中无法逾越的必然阶段。即便是“跨越式”发展,也不能无视当前的物质技术水平与行为主体的价值判断,更不能脱离现实的积累水平。否则,进化带来的正能量将不足以弥补进化的损耗,共生关系最终将回归到低级共生模式。

当然,两类时序组合并非两个不相交的子集,通常同时存在并交织于特定共生体内。社会资本在经历了长时期的粗放式积累后,那些代表着低端技术水平的,或者与产业升级及“创新型国家”发展战略不相匹配的资本要素,由于无法与代表着生产力发展方向的创投引导基金要素缔结共生契约而“自觉”退出共生体;而那些具有强大的融资反哺功能、引领产业结构升级并对战略性新兴产业有着引擎作用的创投引导基金要素及时进入共生体,以实现横向层面的“吐故纳新”和纵向层面的“代际传承”。总之,二者价值功能的差异作为一个“内驱力”引导两类资本共生单元实现时序上的有机组合,进而推动共生关系有序演化。

3.2.4 基于市场导向的共生关系信息反馈与纠偏

共生体的进化是一个“内驱”的过程,但如果脱离了外部相关环境,“内驱”过程是相当缓慢而低效的,即共生关系的演化作为一个开放系统的函数,将受到信息反馈与纠偏机制的驱动。共生环境中的信息反馈与纠偏并不是两个独立进行的双轨机制,而是相互交叉、互为支撑的实时动态机制。一方面,共生单元的任何决策与行动都将作用于共生环境,产生或正向或负向的效应。环境作为一个“信息岛”将独立于共生体的信息反馈至各个共生单元,使其根据各自的进化诉求实时增减种属密度、改善生存质量,以实现相对信息密闭条件下的有效进化。可见,“反馈”是一个信息直接作用于共生单元的过程。另一方面,共生的核心要义即“公共理性”而非“个体理性”,这就要求各个共生单元不能就其所获取的有限信息单纯地作用于自身的改善——因为共生关系的演化交织于各个共生参与者的博弈之中,因而有必要根据全体参与者的行动来修正自身调整方案的“偏差”。若从单一个体而言,“偏差”可能是密闭系统的最优选;但从整体而言,任何“理性经济人”出于个体利益的考虑,总会在不同程度上偏离或违背整体利益取向。因此,纠偏机制是共生单元在开放系统中对信息供给的主动应答,也是激活反馈机制正效应的必然选择。

创投引导基金与社会资本共生关系发轫于资本市场,并在一定程度上受商品市场的影响。因此,资本市场的信息为两类资本共生关系的演化提供了不可或缺的土壤,基于市场导向的信息反馈与纠偏机制对资本共生体适应市场、跟进市场、推动市场、繁荣市场，并最终在这一系列的积极“应答”中实现共进化起到了重要作用。

随着我国资本信息市场化水平的逐步提升，《中华人民共和国公司法》《中华人民共和国证券法》和中国证监会一系列《公开发行证券的公司信息披露内容与格式准则》的颁布与完善，信息的获取与使用成本同共生能量的产出趋于对等。在此环境下，两类资本共生单元可通过反馈渠道更为畅通、反馈时间和成本更少的信息反馈机制实时修正各自的决策偏差，以更有效地自觉实现彼此之间的匹配。因此，反馈是纠偏的前提，纠偏是激活反馈机制正效应的手段，二者相辅相成。忽视共生体整体利益的个体强大与进化，或者缺乏实时调整与修正的“僵化均衡”，都无法推进共生关系的良性发展。各个共生单元只有及时获取来自开放系统的反馈信息，并充分考虑其他行动者的利益与决策预期，进而有针对性地修正自身的决策，各个共生单元才有可能处于“合作博弈”之中。

3.2.5　基于长期契约与广泛信任的共生介质优化

契约的建立既是信息不完备的产物，又是提高信息透明度与使用效率的有力保障。回归到创投引导基金与社会资本共生关系的最初状态，其关系的构建都需依托一定的信息源。至于后续关系的维护、升级和更新，更是与信息数量与质量、信息获取与筛选成本、信息流动与扩散空间紧密相关。由此可见，界面的阻尼机制对构建长久而稳定的共生关系并推进关系的正向演化有着重要的实践意义。共生介质是共生单元相互接触、交流的平台或者彼此进行物质、信息、能量传导的载体。从生物学意义上看，共生介质对任一共生单元而言，其物质、信息与能量交流的动力大于其阻力，因而具有正能量的产出效应。然而，社会共生体毕竟不同于纯粹的自然共生体，共生介质对共生关系的演化作用除了考虑介质本身的自然属性之外，还应充分考虑社会共生单元背后的、缔结特定社会关系的行为主体——处于社会网络之中的具有自我意识与能动思维的“人”。因此，研究资本共生关系的演化路径不能脱离社会契约与公共信任。

创投引导基金与社会资本共生关系演化的路径如图 3-1 所示。基于主质参量的演化规律和关系契约治理，创投引导基金与社会资本共生关系动态演化的五大机制依次对应了演化过程的五个阶段：

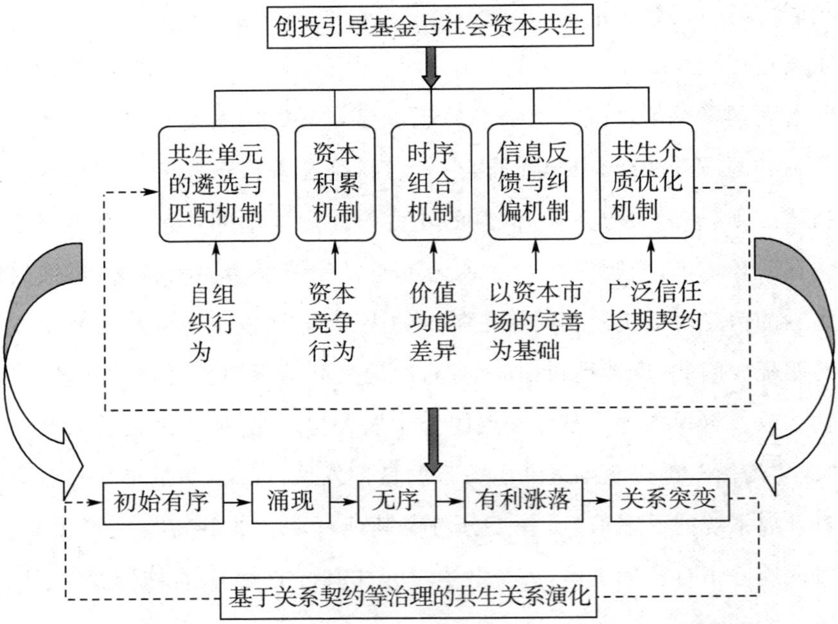

图 3-1　创投引导基金与社会资本共生关系演化的路径与机理

3.3　共生关系演化过程中共生体与环境的冲突与调适

3.3.1　共生体与共生环境:谁推动谁的演化

共生体是环境的函数,环境是共生体反作用于客观物质世界的对象与载体。对于共生体与共生环境之间的关系——谁推动了谁的进化或者是否存在渗透性共同进化,不论在自然科学领域还是社会科学领域,都存在以下三种具有代表性的观点。对以下观点进行梳理,以期为下面共生体与共生环境之间关系的判定奠定基础。

(1)环境决定论(environmental determinism)

该理论是种群生态学的基本观点之一,Hannan 和 Freeman(1977)认为,自然环境决定着生物的进化方向与进化程度,自然条件是人类社会发展的决定性因素,并试图通过自然过程的作用来解释社会和经济发展的进程。在经济学领域,环境决定论主张"适者生存"为企业处理自身与环境关系的法则,只有最大限度地"迎合"环境才能被环境所选择。该观点放大了环境对共生体的影响力与制约性,而忽视了共生体中行为主体自身的物质水平、情绪与动机对环境的改造能力以及二者的互动。

(2)环境适应论(environmental adaptation)

人并不是能够随心所欲、不受束缚的主体,同时也不是环境所能完全掌控的反应者,对人的发展起到决定性作用的是环境和人之间的交互。环境有利于建立自我调节功能,从而建立和发展自我反应的能力;两者或是他们之间的连接以及互相作用并不是特定的行为,而是三者之间的互相作用(交互)。该观点的进步意义在于共生体能够随着环境的变化特征而相机选择变化策略,以自身的变化最大限度地适应环境的变化,从而降低环境变化所带来的负效应。

(3)共进化论(co-evolution)

共进化论将共生体和共生环境看作开放系统中具有合作博弈倾向的两大基本构件,某一方的进化依赖于另一方的进化;同理,对方的进化成果也将惠及自身,形成自身进化的系统动力。不断地打破旧的"有序"、建立新的系统结构,在螺旋式的上升过程中获得进化，是共生体与环境共同的诉求。共进化论构成了共生研究的核心理论支撑，它不仅否定了“弱肉强食”的野蛮进化、打破了“适者生存”的被动进化，而且还修正了“二元对立”的狭隘进化。共进化论代表了自然科学领域和社会科学领域共生研究的主流方向与趋势，揭示了最具普适性的共生规律。

综上所述，共生体与共生环境并非二元对立的两种作用力，也不是“强者驱动弱者”的拉动式单线作用力，而是两种相互渗透、相互促进、互为依存的进化驱动力。环境的复杂性、动态性与共生体质参量引导下的“自组织”行为特征相互交织，推动彼此在互适应、互突破的基础上实现共进化。

3.3.2 共生体与共生环境的“冲突源”及其进化效应

3.3.2.1 基于三种“非均衡性”的冲突源探析

“非均衡”用于表征运动中的各种力量发生的结构性失衡。延伸到资本共生领域，可将资本共生体和资本共生环境视作两种对立统一的作用力。从封闭系统的视角看，资本共生体内部或环境系统内部均有可能存在非均衡性；从开放系统的视角看，共生体同外部的环境也可能存在非均衡性。导致这些非均衡产生的因素称为“冲突源”，借鉴托马斯·卡明斯(2003)、赵锡斌(2007)的研究成果，在资本共生关系演化的历程中，共生体与共生环境的“冲突源”主要有以下三种。

(1)资本共生体内部共生关系的非均衡性

创投引导基金与社会资本构成了资本共生关系的主体，两类资本在不同的发展阶段，或在同一发展阶段的不同介质上，均可能出现规模、变化幅度与趋势、结构调整等方面的不匹配、不同步、不兼容、不积极响应等非均衡性问题。若高质量的创投引导基金缺乏资本载体，其应有的价值就无法得以实现，即脱离社会资本的跟进，创投引导基金无法单独实现自我进化。共生关系的演化需要共生参与方的积极响应与整体兼容。系统动力学认为，正是这些“非均衡”促进了系统自我完善与更新。因此，只有社会资本在“量”与“质”的方面均做出相应的调整，才能实现共生关系实质性的变化——由非均衡走向相对均衡。

(2)资本共生体外部共生环境的非均衡性

社会科学领域的共生外部环境包括宏观制度、法律制度、市场规制、社会文化、科技水平等要素。这些要素共同作用于资本共生体的运动方式与效率,但是,各要素之间在同一经济发展时期,带有明显的群体非兼容性。例如,随着经济体制改革的深入,传统的行政指令逐步让位于市场配置机制。然而,根深蒂固的社会心理难以实现与资源配置机制的同步转轨,这必然带来环境内部的摩擦和冲突——最终将映射到资本共生体的进化。

(3)共生体内部共生关系与外部共生环境之间的非均衡性

环境的变化呈现出连续函数的特征,而资本共生关系不论是从组织模式还是行为模式而言,均存在一定的时期性(点共生除外),即在一定的时期内相对稳定。由此,外部环境的变化尤其是重大变革,客观上对共生关系形成了一种作用力。但是,资本共生单元所涉及的行为主体是具有独立思维的"人",受价值取向、风险倾向及应变能力影响,其主观上的应答与配合通常滞后于或背离客观作用力,既有的共生关系依然未随着环境的变化而发生相应的改观。当然,也可能存在共生关系发生先行变化,而宏观层面的法规、制度及社会文化尚未发生与之相适应的变革,从而引起二者的非均衡性。

3.3.2.2　"非均衡性"对优化共生关系的积极效应

从系统论角度讲,"非均衡"是一切无序走向有序的根本。不论是共生体或共生环境内部自身的非均衡,还是共生体与共生环境之间的非均衡,从进化的角度来看,只要通过适当的调适手段加以趋利避害,都将有助于共生体捕捉到更为精准的进化方向与进化路径,同时,使共生关系的升级不再囿于闭环(共生体)系统,而是体现为一种开放系统下的"创造性扩张",其进化效应主要体现为以下几点。

(1)共生环境的非均衡性为共生关系的调适嵌入了契机

特定的行为模式配之以特定的组织模式,构成了特定的资本共生关系,从可持续繁衍的角度看,这一关系的演化处于不间断的动态过程之中。尽管前文肯定了"自组织"行为在共生关系演化历程中的主体性作用,但内部驱动与外部环境的紧密配合无疑是提升进化效率与质量的有效途径。源于"自组织"特征的自我关系调整与源于共生体外部环境非均衡性的调适并不冲突，而是相互补充、互为支撑的。尤其是在资本密度较高、组织结构较为复杂的共生介质中，调适的成本若不能被共生改善带来的收益弥补，那么，这种调适是不具有进化意义的资源浪费。因此，共生环境的非均衡性为资本共生关系的调适嵌入了契机。

(2)共生环境的非均衡性为资本共生关系提供调适的边界与频度

Gareth R. Jones(2000)指出，环境的可变性、动态性与复杂性共同构成了“非均衡性”根源，但这并不意味着环境的变化可以脱离特定时间与空间的约束而毫无规律性地发生。因此，资本共生体在面对环境的瞬息万变时，理性的调适行为也必须考虑时间与空间两大因素的跟进性。时间上的跟进性称为“调适频度”的选择；空间上的跟进性称为“调适边界”的选择。过分超前于环境的变化时调整共生关系，将导致调适成本的激增，并引发行为主体在共生关系判断上的“心理恐慌”；而滞后于环境的变化时所进行的调整将导致既有共生关系被环境淘汰，进而出现“退化”相变。因此，二者的有机结合将使调适的收益与成本比最优化。

总之，共生环境的“非均衡性”成为推动共生体的自觉调适进而走向相对均衡的重要外部驱动力，忽视空间与时间两个参数的调适行为不仅无法实现共生关系的进化，相反还可能引起共生关系的“退化”。

3.3.3 面向共生关系优化的共生环境调适方式选择

调适，是主体(共生体)作用于客体(共生环境)的一个能动过程。在开放系统中，主体与客体都被定义为具有“自适应性”和“他适应性”：一方面，各自在其系统内部都将随着系统参数的变化而主动进行调节、改善和更新，以实现“无序”向“有序”的转化；另一方面，各个独立系统的运行又处于与其他系统错综复杂的关系之中，诸多的独立系统构成了特定系统的生态圈，圈内每一子系统的变化都将影响全体行动者的战略选择。在此背景下，每一独立系统都将接收由系统环境质参量变化带来的新增能量，但其前提是，各独立系统在演化过程中需主动跟进大系统的变化即“他适应”，或者通过调节本系统的参数来突破系统环境现有的规则，使系统环境沿着有利于自身的发展方向运动，否则，每一独立系统所接收的只不过是非均衡性带来的“负能量”。

以进化论为出发点，完成共生模式更进一步的相变以及优化共生关系的主要途径就是环境调适（共生体）。因为属于动态系统的是共生环境及共生体，所以静态的、单一的技术手段并非调适方式的全部，而是具备彼此选择和预测、判断和感知的进程，并且是双向的。通过运用 Michael E. 和 Druck Haroukes (2013)所做的调研成果，此次调研把共生体划分成两类环境调适方式，即 initiating adjusting（引领式调适）和 following adjusting（跟进式调适），同时，依据各阶段所呈现出的相关差异性对动态选择机制（调适方式）进行了规划。

3.3.3.1　以“控制”与“要素改善”为核心的跟进式调适

“环境适应论”所包含的内容之一就是跟进式调适，“以变应变”是它重要的特点，即出现共生环境整体或者是局部转变的时候，就会围绕这种转变作出对应的调适，进而对环境能够做到最大程度适应，并且得到不断演化过程中的重要的契合效应（内部和外部）。控制内部要素的非适应性变动与扩张并改善共生单元的非主质参量，是这种调适方法的核心。跟进式调适的优点在于缩小共生体与共生环境的偏差，进而有效降低由环境改变带来的负效应，使生物体与环境在共进化的历程中获得大致相当的程度与频度。反过来，这种大致相当的进化程度与频度又优化了共生体与共生环境的契合度。因此，跟进式调适并不是对环境被动而盲目的“追随”，而是根据共生体质参量、象参量的特质所进行的一种与外部系统的沟通。这种沟通本质上是一种正和博弈——既“利己”，又“利他”，对调适的主体与客体都具有积极的进化意义。

就创投引导基金与社会资本共生体而言，所谓的共生环境既包括宏观层面的政治、经济、文化、法律等环境，又包括中观层面的地域环境、产业制度、行业规制。城乡差距扩大等问题严重影响着资本要素的市场运行效率与公平。因此，提高劳动报酬在初次分配中的比重；建立健全以实际贡献为评价标准的科技创新人才薪酬制度；加强知识产权保护，对转换科技成果有益的分配制度加以健全；摸索构建各种分配的方法，使其能够对两种资本各自的共生关系发挥出积极的作用，例如岗位分红权激励和科技成果入股等。

在跟进式调适方法下，作为微观共生介质的企业应根据分配领域的改革方向控制并改善某些因素。总而言之,对于社会资本要素投入要优先控制,因其资本效率不会太高,所以规避了“剩余分配陷阱”这种因为粗放式扩张而产生的不利影响,而人力资源要素投入应当适当加大,因为其具备高回报以及高质量的特点,对以后的资本分配结构进行优化,就要采用改良资本投入结构的方式来实现。然后,在规划公司微观分配策略时,应当转变创投引导基金收益受到社会资本“挤压”的现状,因为这种分配格局是非对称性的,以此将能量分配系数的差异性降低,并将其作为改善约束和激励机制的突破口。还有,在我国的共生环境中,对于节能和环保以及绿色的产业要积极倡导,对于那些高污染和高排放以及高耗能的产业要逐渐制约,在此基础上共生体要提升生存的品质,从战略的角度出发,对密度增容速度(两类资本)进行调整,使共生系数得到优化。总而言之,共生单元间的固有格局并没有因为跟进式调适而发生改变。所采用的调节手段仅仅局限于放大以及抑制,以此对共生体内部的要素进行掌控,进而顺应环境所产生的转变。就资本共生来讲,其处在产业升级之中的“介质”适用于该方法,同时其可操作性及现实意义非常强。

3.3.3.2 以“突破”与“要素重组”为核心的引领式调适

就“相互影响论”来讲,其产物就是引领式调适,这有力地反驳了“不可控论”,它的重要特点为“以变促变”——前一个“变”是发轫于共生体内部的由内而外的积极行动;后一个“变”即环境变迁,是指由共生体积极变化而产生的,包含对环境演化的方向进行引导,使其有益于共生体,进而能够得到最优的密度增容;要对共生体赖以生存的空间进行拓展,对原有环境边界进行突破,主要利用重新组合及排列要素来实现;将环境对自身的负效应或者是不确定性削弱,以此将共生体的生存品质提高。

在共生体进化的历程中之所以需要进行调适,是因为环境的非均衡性。权变理论的代表 Tom Burns 和 G. M. Stalker(1961)指出,最佳的组织方式依赖于组织环境的特质,任何时空都不存在具有完全“普适性”的组织原则;与其一味地“追随”环境的变化,不如创造有利于组织发展的环境。与跟进式调适方法相比,引领式调适侧重于将环境定位于内生变量而非外生变量,并认为个体对于环境并不是无能为力的,共生体对共生环境具有主动的改造能力而非单纯的被动适应，共生体内部因素尤其是主质参量变化将影响环境的变化。尤其是，当被动适应环境所发生的产出投入比明显低于主动改造环境所带来的产出投入比，那么引领式调适将成为均衡共生体与环境非对称性的最优选择。

“突破”与“要素重组”，具有内在的一致性和交互性。“突破”意味着通过打破旧环境下的组织格局与参数结构来实施对环境的辐射力与影响力，甚至拓展旧有环境的边界，使得环境朝着有利于自身的方向发展；“要素重组”是指在共生体内部密度与维度既定的条件下，通过重新排列组合各共生单元及其组成要素来获得新的关系网络。总之，后者是前者的途径、手段，前者是后者的目标与方向，二者共同致力于环境创新。

创投引导基金与社会资本共生关系的演化是特定环境的产物，而环境和共生体又都处于从一个均衡到另一个更高层次均衡的不断变化之中。当一个新的内部均衡逐步形成而相应的外部均衡滞后或缺位时，以环境创新为导向的引领式调适成为适宜选择。长期处在非均衡的状态是公司供给和市场需求，这种“需求”具有高附加值性和瞬时性以及异质性的特点。在组成社会资本共生单元要素既定的情况下，如要素结构和质量以及数量等，在产品创新上，想要依靠有形的要素来实现是非常困难的，更涉及不到获取行业超额利润的层面。要将品牌和商业文化以及服务流程等无形“资产”和“物”与有形“资产”相融合，就需要和创投引导基金建立共生关系契约，从而利用建立“客户参与式”的创新性服务平台，并以此作为积累关系资本的重要举措，摆脱有形要素带来的约束力。实际上，能够为公司明确创新方向以及寻找改革创意带来指引的是优良的社会关系，让社会资本得到了巨大的扩张效应，这种效应在社会网络以外是没有办法得到的。能够转变外生变量参数的就是这种方式，也就是直接效应，使共生体能够吸纳那些供应商和客户等原本是“局外人”的个体，同时对共生体以外的潜在顾客产生影响力，达到外部环境和内部战略改革有机结合的目标。

总之，跟进式调适与引领式调适均有着其特定的适用背景，脱离情景的选择不仅不利于共生关系的优化，还可能导致共生关系的退化，就新的内部和外部均衡而言，前者逐渐形成，而后者却缺位或者是滞后，并且在产出投入比上，被动跟进环境显著低于主动改造环境，所以，采用引领式调适将成为均衡共生体与环境非对称性的最优选择；反之，跟进式调适具有更强的现实意义。图 3-2

简要描述了两类调适方法的选择原理及其对共生关系的影响。

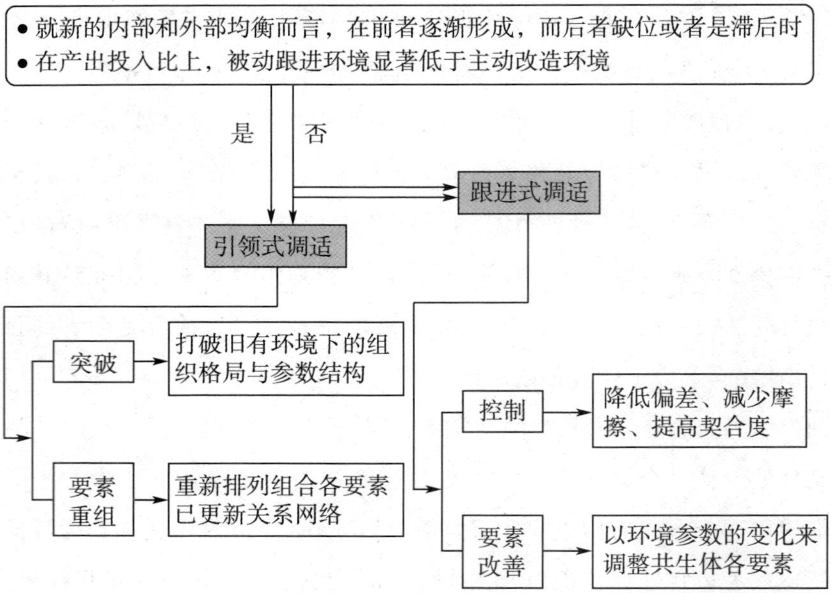

图 3-2　跟进式调适与引领式调适的特征与作用机理

3.4　创投引导基金与社会资本的共生模式分析

共生模式是共生关系的核心，也是共生单元之间相互性和协作性的表现形式。共生模式主要有四种，分别为寄生、偏利共生、对称性互惠共生、非对称性互惠共生。伴随创投引导基金和社会资本之间的合作关系加深，共生界面内部的进化发展和共生单元之间匹配程度的增加，共生模式开始向连续共生、一体化共生等方式发展。共生界面和共生模式在一般情况下都是紧密相连的，共生界面具有的性质和逐渐发生的变化对共生模式如何选择和进化有一定的影响。

3.4.1　共生模式类别

(1)寄生

在资本共生系统发展前期表现的最原始的行为叫寄生，共生单元主要包括寄生者和寄主。通常来说，寄生者不能对资本共生系统作出贡献，必须依靠寄主来获得资源。相比寄生者，寄主形态较大，二者存在一种内在的供需关系，当创投引导基金与社会资本建立某种合作关系时，这种共生不产生新能量，存在寄主向寄生者能量的转移，这种寄生关系对寄主往往无害；而二者的双边单向交流机制，一般不利于寄主进化。作为追求利益最大化的独立经济体，不管是社会资本还是创投引导基金，都不愿意一直为其他经济组织提供无利益帮助，因此这种共生关系会消失。

(2)偏利共生

偏利共生是一种具有利他倾向的模式，但这并不影响本身的成长发展。创投引导基金与社会资本在这种模式下能产生新能量，其中一方获取全部新能量，不存在新能量的分配，则对一方有利，双方互通交流，有利于获利方的发展，对非获利方无补偿机制时不利。

(3)对称性互惠共生

创投引导基金与社会资本对称性互惠共生在形态上十分接近，通过分工和合作向科技型中小企业提供优质资本，可以带来各自利益增加，存在新能量的广谱分配，广谱分配是按照对称机制进行的。同时，创投引导基金与社会资本存在广谱的进化作用，既存在双边交流机制，又存在多边交流机制，共生单元进化具有同步性，即可以保持一定的稳定性。对称性与否决定了创投引导基金与社会资本合作关系中共生能量的分配方式，产生的新的共生能量是按照各个共生单元在资本系统中所处的角色地位进行合理分配的。但由于能量分配的差异，发展较慢的共生单元将无法与发展较快的核心单元同步发展，其结果也会面临共生关系的解体。

(4)非对称性互惠共生

创投引导基金与社会资本存在非对称性互惠共生说明二者在形态上比较接近，共生单元以分工为基础，合作时可以产生新能量，存在能量的广谱分配，但是广谱分配按非对称机制进行。同时，存在广谱的进化作用，不仅存在双边双向交流，而且存在多边多向交流，对称机制的不对称性导致进化的异步性。两者关系如表 3-1、图 3-3 所示。

表 3-1　创投引导基金与社会资本共生模式

共生关系	共生单元特征	共生能量特征	共生作用特征
寄生	共生单元关系较为良好，在形态上的差异较为显著	不断地增加新生能量，能够使能量从寄主转移到个体上去	对寄生者有好的方面，有利于它的发展，对寄主没有太大伤害，但是不利于它的发展
偏利共生	共生单元形态较为明显，关系较为密切	新能量能够实现双赢，一方获利，另一方也不会损失	共生关系对双方都有利，但是不利于寄主的进化
对称性互惠共生	共生单元形态差异小，关系密切程度极高	产生新能量，新能量各方分配均衡	对成员各方均有利，且各成员同步进化
非对称性互惠共生	共生单元形态较为隐蔽，关系密切程度较高	增加新能量，虽然存在分配不平衡，但是双方都能获利	对二者的发展都有好的影响，有利于他们的进化，但是发展速度不统一

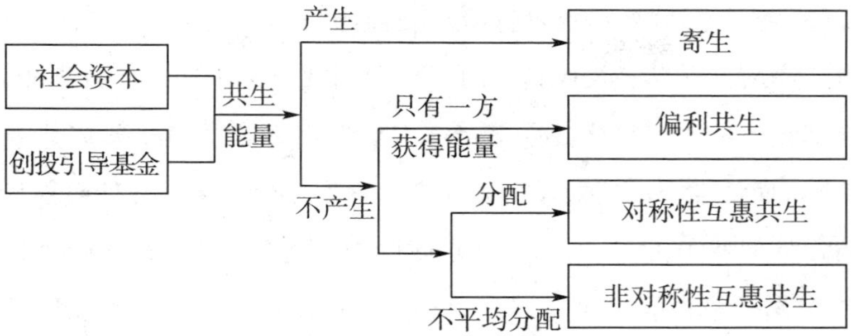

图 3-3　创投引导基金与社会资本共生模式图

3.4.2　寄生模式分析

根据相关制度规定，创投引导基金引导社会资本能够增加国家对待企业基金的重视度，政府与企业之间存在着寄生的关系，政府是寄主，企业是个体，国家的发展程度能间接影响企业资金的流转程度，这就能够表明在资本市场上，创投引导基金所拥有的资源流向是单向的。设资本市场上社会资本为 x_1、创投引导基金为 x_2，则社会资本的产出函数为 $x_1(t)$ ，创投引导基金的产出函数为 $x_2(t)$ 。创投引导基金与社会资本之间存在的紧密关系，一种是通过彼此的特点来进行良性竞争，另一种是二者建立合作共赢模式。为了能够更进一步地解决科技型中小企业融资难的问题，国家鼓励社会投资，所以政府在这方面扮演着重要的角色，政府的决策能够影响企业的利润和资金的流转情况。例如政府对资本的影响参数为 $\alpha(\alpha>0)$ ，两者之间的模型如下所示。创投引导基金与社会资本存在寄生共生关系，说明在资本市场上，社会资本的进入会给创投引导基金带来意想不到的收获，但是这与社会资本的增长率和国家制度的保障没有必然联系。

$$\begin{cases}\dfrac{\mathrm{d}x_1(t)}{\mathrm{d}t}=\alpha\lambda_1\left(1-\dfrac{x_1(t)}{x_{M1}}\right)x_1(t)\\[2ex]\dfrac{\mathrm{d}x_2(t)}{\mathrm{d}t}=\alpha\lambda_2\left(1-\dfrac{x_2(t)}{x_{M2}}\right)x_2(t)\end{cases}\tag{3-1}$$

3.4.3　偏利共生模式分析

继续优化模型(3-1)，对于社会资本和创投引导基金而言，它们若为偏利共生关系，在引入了社会资本之后，将会影响后者的运营管理过程以及效果，这样，两者间的资源流动将会发生转换，从之前的单向变成双向的形式。所以，首先充分地考虑创投引导基金所具有的产出受到社会资本的正向性作用，可假设创投引导基金产出值得到社会资本自然市场规模饱和度的相关贡献是 θ_{12}（此处 $\theta_{12}>0$），而社会资本所对应的具体产出得到创投引导基金的自然市场规模饱和度的贡献是 θ_{21}（此处 $\theta_{21}>0$），则创投引导基金的产出函数改进为

$$\frac{\mathrm{d}x_2(t)}{\mathrm{d}t}=\lambda_2 x_2(t)\left(1-\frac{x_2(t)}{x_{M_2}}+\theta_{12}\frac{x_1(t)}{x_{M_1}}\right) \tag{3-2}$$

国内的投资体制对于社会资本所具有的市场地位起到决定性的作用，从比较短期的角度来分析可知，社会资本所具有的产出增长率水平并不具备显著性的变化，此外，对于整个资本市场而言，两者的共生也无法将预期效益带给社会资本，所以，后者的产出仅可得到来自国家制度方面的相关正向性影响（α）以及它自身的增长率（即 λ）的贡献。由此可知，我们无须继续改进与社会资本相关的产出模型。然后，获得了更加完善的社会资本和创投引导基金的偏利共生模型，即

$$\begin{cases}\dfrac{\mathrm{d}x_1(t)}{\mathrm{d}t}=\alpha\lambda_1\left(1-\dfrac{x_1(t)}{x_{M_1}}\right)x_1\\[2ex]\dfrac{\mathrm{d}x_2(t)}{\mathrm{d}t}=\lambda_2 x_2(t)\left(1-\dfrac{x_2(t)}{x_{M_2}}+\theta_{12}\dfrac{x_1(t)}{x_{M_1}}\right)\end{cases} \tag{3-3}$$

随着投资体制改革的推进，社会资本和创投引导基金的运营行为模式将会发生一定的演变，最终变为偏利共生模式，两者通过共生而形成的利益将会导致资本的不稳定，这实际上也是寄生模式和该模式所存在的重要不同之处。所以，对于偏利共生的相关模型来说，并不存在两者间的利益均衡点，有必要相应地调整共生模型，这样两者共生利益的相关分配将会趋于合理。实际上，上述模型均是不稳定的，对其进行分析不能够得到稳定的解。在资本市场上，创投引导基金与社会资本继续演化。

3.4.4 互惠共生模式分析

由于制度所导致的影响（社会资本未得到引导基金的支持），相关的产出规模具有下述关系：$\dfrac{\mathrm{d}x_2(t)}{\mathrm{d}t}=\alpha\lambda_2\left(1-\dfrac{x_2(t)}{x_{M_2}}\right)$，此处可假设创投引导基金得到社

会资本所具有的自然市场规模饱和度的贡献大小是 θ_{12}（此处 $\theta_{12}>0$），那么对于引导基金而言，可以进一步改进其产出函数，具体如下：

$$\frac{\mathrm{d}x_2(t)}{\mathrm{d}t}=\alpha\lambda_2x_2(t)\left(1-\frac{x_2(t)}{x_{M_2}}+\theta_{12}\frac{x_1(t)}{x_{M_1}}\right) \tag{3-4}$$

对于创投引导基金而言，当社会资本进入资本市场后，社会资本从整体上看其存在主要依靠前者，所以，它就出现了负的自然增长率水平，所以可以采用 $|\lambda_1|$ 来表示它的绝对值，在忽略了引导基金所产生的作用之后，我们可进一步改进社会资本的相关共生模型，具体如下：$\frac{\mathrm{d}x_1(t)}{\mathrm{d}t}=-\lambda_1x_1(t)\left(1+\frac{x_1}{x_{M_1}}\right)$，这就意味着当继续提高社会资本的产出水平时，由于损耗了一部分资源，也将相应地降低产出的增长率，使其逐渐地趋向 0。在资本市场上社会资本和创投引导基金共生后，在资本系统里将会出现共生能量，所以也会相应地提升创投引导基金所具有的产出水平。这样，我们可采用下式来描述社会资本所具有的产出水平：

$$\frac{\mathrm{d}x_1(t)}{\mathrm{d}t}=\lambda_1x_1(t)\left(-1-\frac{x_1(t)}{x_{M_1}}+\theta_{12}\frac{x_{12}}{x_{M_2}}\right) \tag{3-5}$$

由此，建立社会资本和创投引导基金互惠共生模型

$$\begin{cases} f_1(x_1(t),x_2(t))=\dfrac{\mathrm{d}x_1(t)}{\mathrm{d}t}=\alpha\lambda_1x_1(t)\left(-1-\dfrac{x_1(t)}{x_{M_1}}+\theta_{21}\dfrac{x_2(t)}{x_{M_2}}\right) \\ f_2(x_1(t),x_2(t))=\dfrac{\mathrm{d}x_2(t)}{\mathrm{d}t}=\alpha\lambda_2x_2(t)\left(1-\dfrac{x_2(t)}{x_{M_2}}+\theta_{12}\dfrac{x_1(t)}{x_{M_1}}\right) \end{cases} \tag{3-6}$$

于是，将上述函数求解得出创投引导基金与社会资本互惠共生的三个均衡点，即

$$(x_1^*(t),x_2^*(t))=\left(\frac{(\theta_{21}-1)x_{M_1}}{1-\theta_{12}\theta_{21}},\frac{(1-\theta_{12})x_{M_2}}{1-\theta_{12}\theta_{21}}\right) \tag{3-7}$$

$$(x_1^*(t),x_2^*(t))=(0,x_{M_2}) \tag{3-8}$$

$$(x_1^*(t),x_2^*(t))=(0,0) \tag{3-9}$$

具体分析如下。

第一，当 $x_1^*(t)=0$，$x_2^*(t)=0$ 时，说明社会资本和创投引导基金都有取值等于 0 的产出，它意味着对于这两种类型的资本而言，均未有资本提供，也就是

说该共生模式并不存在。

第二，如果 $x_1^*(t)=0$ 而且 $x_2^*(t)=x_{M_2}$，则意味着当创投引导基金获得高的产出时，也有取值为 0 的社会资本产出水平。虽然从整个资本市场来审视，社会资本存在着一定的缺陷，但它的产出也不会于低到 0 值，所以，我们可知这个均衡点是不成立的，也就是说所得到的解是无效的。

第三，当 $x_1^*(t)=\frac{(\theta_{21}-1)x_{M_2}}{1-\theta_{12}\theta_{21}}$，$x_2^*(t)=\frac{(1-\theta_{12})x_{M_2}}{1-\theta_{12}\theta_{21}}$ 时，要使创投引导基金与社会资本的产出在合适的范围内，则 $x_1^*(t)$ 和 $x_2^*(t)$ 满足如下条件

$$x_1^*(t)=\frac{(\theta_{21}-1)x_{M_2}}{1-\theta_{12}\theta_{21}}>0 \tag{3-10}$$

$$x_2^*(t)=\frac{(1-\theta_{12})x_{M_2}}{1-\theta_{12}\theta_{21}}>0 \tag{3-11}$$

求解上述不等式，得到

$$\begin{cases}0<\theta_{12}<1\\0<\theta_{12}\theta_{21}<1\\\theta_{21}>1\end{cases} \tag{3-12}$$

$$或\begin{cases}\theta_{12}>1\\\theta_{12}\theta_{21}>1\\0<\theta_{21}<1\end{cases} \tag{3-13}$$

由此可以看出，在满足上述条件的情况下，创投引导基金与社会资本两者间存在着互利共生的关系。因为 θ_{12} 和 θ_{21} 两者间具有不等的数值，社会资本和创投引导基金共生后对资本市场的相关福利效益也存在着不同的作用。如果有相对较低的 θ_{21} 值以及相对较高的 θ_{12} 值，就意味着投创引导基金的相关产出获得社会资本的贡献即将会超过创投引导基金对社会资本的贡献，此时在资本市场社会资本显示出了良好的发展态势，而且反过来同样推动了创投引导基金方面的各类改革举措的顺利实施，促进了后者的进一步完善和发展，在资本市场上更好地发挥其功能；若 θ_{12} 较小、θ_{21} 较大，则说明和社会资本得到创投引导基金的贡献相比，社会资本对创投引导基金所对应的产出，其贡献更少。

3.4.5　共生模式的稳定性和合理性分析

(1)共生模式的稳定性

在这里,对存在均衡点 $(x_1^*(t), x_2^*(t))$ 的相关合理性进行了深入的分析,其目的是探讨两类不同的资本之间所存在的共生关系具有的稳定性。所以,可针对 $x_1^*(t)$ 与 $x_2^*(t)$ 来进行一阶泰勒的展开处理,则有

$$\begin{cases}\dfrac{\mathrm{d}x_1(t)}{\mathrm{d}t}=\dfrac{\alpha\lambda_1 x_1(t)\theta_{21}}{x_{M_2}}(x_2(t)-x_2^*(t)) \\ \qquad +\alpha\left(\lambda_1-2\lambda_1\dfrac{x_1(t)}{x_{M_1}}+\lambda_1\theta_{21}\dfrac{x_2(t)}{x_{M_2}}\right)(x_1(t)-x_1^*(t)) \\ \dfrac{\mathrm{d}x_2(t)}{\mathrm{d}t}=\alpha\left(\lambda_2-2\lambda_2\dfrac{x_2(t)}{x_{M_2}}+\lambda_2\theta_{12}\dfrac{x_1(t)}{x_{M_1}}\right)(x_2(t)-x_2^*(t)) \\ \qquad +\dfrac{\alpha\lambda_2 x_2(t)\theta_{12}}{x_{M_1}}(x_1(t)-x_1^*(t))\end{cases} \tag{3-14}$$

经过整理,得

$$\begin{cases}\dfrac{\mathrm{d}x_1(t)}{\mathrm{d}t}=\dfrac{\alpha\lambda_1 x_1(t)\theta_{21}}{x_{M_2}}(x_2(t)-x_2^*(t)) \\ \qquad +\alpha\lambda_1\left(1-2\dfrac{x_1(t)}{x_{M_1}}+\theta_{21}\dfrac{x_2(t)}{x_{M_2}}\right)(x_1(t)-x_1^*(t)) \\ \dfrac{\mathrm{d}x_2(t)}{\mathrm{d}t}=\alpha\lambda_2\left(1-2\dfrac{x_2(t)}{x_{M_2}}+\lambda_2\theta_{12}\dfrac{x_1(t)}{x_{M_1}}\right)(x_2(t)-x_2^*(t)) \\ \qquad +\dfrac{\alpha\lambda_2 x_2(t)\theta_{12}}{x_{M_1}}(x_1(t)-x_1^*(t))\end{cases} \tag{3-15}$$

因此,相对应的系数矩阵记为 $\mathbf{A}$,即

$$A=\begin{Bmatrix}\dfrac{\alpha\lambda_1 x_1(t)\theta_{21}}{x_{M_2}} & \alpha\lambda_1\left(1-2\dfrac{x_1(t)}{x_{M_1}}+\theta_{21}\dfrac{x_2(t)}{x_{M_2}}\right) \\ \alpha\lambda_2\left(1-2\dfrac{x_2(t)}{x_{M_2}}+\theta_{12}\dfrac{x_1(t)}{x_{M_1}}\right) & \dfrac{\alpha\lambda_2 x_2(t)\theta_{12}}{x_{M_1}}\end{Bmatrix} \tag{3-16}$$

根据矩阵原理,系数矩阵 $\mathbf{A}$ 的行列式 $|\mathbf{A}|\neq 0$,则其特征方程为 $|\mathbf{A}-\mu I|=0$,即

$$\mu^2+m\mu+n=0 \tag{3-17}$$

得到

$$m=-\left\{\alpha\lambda_2\left(1-2\frac{x_2(t)}{x_{M2}}\right)+\theta_{12}\frac{x_1(t)}{x_{M1}}+\alpha\lambda_1\left(1-2\frac{x_1(t)}{x_{M1}}+\theta_{21}\frac{x_2(t)}{x_{M2}}\right)\right\},n=|\mathbf{A}| \tag{3-18}$$

则当 $m>0$、$n>0$ 时，两者之间的共生均衡点具有比较高的稳定性；而如果 $m<0$ 且 $n<0$，则两者之间的共生均衡点具有相对比较低的稳定性。将 $x_1^*(t)$ 和 $x_2^*(t)$ 代入矩阵 $\mathbf{A}$，得到 $0<\theta_{12}<1$，$0<\theta_{12}\theta_{21}<1$，$\theta_{21}>1$。

(2)共生模式的合理性

根据前面创投引导基金与社会资本两者之间的共生平衡点的相关稳定性研究结果可知，其稳定解所对应的取值区间是 $0<\theta_{12}<1$，$\theta_{21}>1$，$0<\theta_{12}\theta_{21}<1$。因此，社会资本和创投引导基金符合前面所讨论的几个主要条件，所以它们之间所存在的共生关系具有比较高的稳定性，与之相关的经济意义为：

首先，该共生均衡关系所对应的具体条件是 $0<\theta_{12}<1$，这就意味着创投引导基金所对应的具体产出得到社会资本比较小的贡献，实际上这一结果和资本市场是相符的，资本主体为来自国家层面的各类财政资金，所以，如果来自国家的相关引导基金具有相对较高的产出效益方面的基数，就会导致前面所述的情况出现。

其次，两者共生均衡所对应的具体条件是 $\theta_{21}>1$，这就意味着社会资本所对应的具体产出规模大小受到来自国家层面的引导基金的较大影响，而前者在市场中具有相对较低的产出规模。所以，通过和国家层面的相关引导基金所存在的共生关系，社会资本取得了更加高的收益水平；这样，可以判断社会资本所对应的具体产出规模大小得到国家层面的相关引导基金的比较大的贡献。

此外，如果共生均衡所对应的条件为 $0<\theta_{12}\theta_{21}<1$，则此时已经有比较大的国家层面的相关引导基金规模，它受到比较小的来自社会资本方面的贡献，相关的效益水平也比较低，国家层面引导基金的产出给社会资本带来的效益水平已经比较明显地超过后者产出规模所具有的增长量。

基于分析的结果可知，两类资本的发展过程存在着一定的联系，在资本市场中引入了社会资本以后，会和国家层面的引导基金形成一定的竞争，然而对后者的利益不造成损害；反之亦然。两者之间存在着一定的互惠共生关系，所以，可以认为国家所颁布的支持社会资本在市场中进行各类投资的相关制度具有很高的合理性，此时，两类资本共生将会达到制度所拟定的各项目标。社会资本和创投引导基金共生后对资本市场的福利效益影响不同，两者之间是一种非对称性互惠共生关系。分析结果表明，和社会资本得到国家层面的相关引导基金所给出的贡献相比，国家层面的相关引导基金所对应的产出得到社会资本的贡献更高，在这样的条件下，社会资本将会在资本市场中具有相对更理想的发展结果，它也显著地推动了国家层面的相关引导基金领域所进行的各项改革工作，促进了后者的完善和发展，有助于功能的有效发挥。

3.5 本章小结

资本共生体为一个综合性的体系,它涵盖了共生的基本模式、界面、环境等单元,同时也存在一种资本与资本之间相互制约、相互影响、共存共荣的行为关系,其背后蕴含着不同资本所有者之间的多重博弈过程。不论是自然领域还是社会领域,任何一个共生体都有着特定的边界。

首先,对资本共生关系所包含的基本要素共生单元、共生环境和共生界面进行了逐一介绍。它们共同构成了资本共生体,会对资本产生一系列复杂的作用,进而对创投引导基金和社会资本之间的共生演化造成持续的影响。

其次,分析了创投引导基金与社会资本共生关系的演化的相关方式,探析了共生体与共生环境的“冲突源”及其进化效应。环境自身的非均衡性、共生体内部的非均衡性以及共生体与环境之间的非均衡性构成了二者之间冲突的根源。但是,客观上“非均衡性”对共生关系的优化具有积极效应,即共生环境的非均衡性为共生关系的调适嵌入了契机;共生环境的非均衡性为资本共生关系提供调适的边界与频度。进而,根据两类资本的质参量及我国资本共生环境的特性,提出了“跟进式调适”与“引领式调适”两种调适方法。就新的内部和外部均衡而言,前者逐渐形成,而后者缺位或者滞后,并且在产出投入比上,被动跟进环境显著低于主动改造环境,所以,采用引领式调适就成为均衡共生体与环境非对称性的最优选择;反之,跟进式调适具有更强的现实意义。

最后,对共生关系的核心——共生模式,进行深入研究,对寄生模式、偏利共生模式和互惠共生模式三种主要类别进行数理分析,发现社会资本和创投引导基金共生后对资本市场的福利效益影响不同,两者之间是一种非对称性互惠共生关系。

第 4 章　创投引导基金与社会资本共生关系评价体系的构建与测度

在前两章对创投引导基金与社会资本共生关系形成机理、构成要素和共生模式等进行定性分析的基础之上，从定量分析的角度科学、全面建立共生关系评价体系和测度模型成为后续进行影响因素、空间效应和经济价值等实证研究必需的步骤。

4.1　创投引导基金与社会资本的共生关系评价体系的构建

4.1.1　共生关系评价体系设计的原则

经济学领域常用的测度指标大多着眼于对资源配置综合收益的评价，且有着明确的测度边界，例如宏观领域的“主权国家”，中观领域的“区域”或“产业”，微观领域的“企业”以及跨企业边界的“柔性组织”。本研究的着眼点在于以资本共生体为基础的共生关系，而不是一个有着严格边界的经济运行体。并且，随着共生组织模式由点共生向连续共生、一体化共生演化，其边界也处于一个不断变化的过程中。这无疑增加了测度的难度。此外，虽然参与共生的异类单元种类（维度）是既定的，包括创投引导基金与社会资本两大类，但同类单元的数量（密度）是资本市场成熟度、信息丰度、介质畅通度、能量分配均衡性等诸多因素的函数，处于一个瞬时变化的动态过程中。因此，在测度时有必要遵循以下原则。

4.1.1.1　以“资本增值”主质参量为测度的逻辑起点

资本共生体并非一个有形实体，其实质上是一种协同基础之上的互惠互利关系。不同类型的资本之所以能形成这种关系，主要是基于资本增值这一主质参量。因此，在评价资本共生关系时，不应单纯囿于资本本身的规模、构成等存量因素，而应同时关注不同技术水平之下的资本增量运动。

4.1.1.2 有机整合规模匹配与结构匹配

关系是互动行为的结果，因此，关系的测度首先体现为量化基础之上的“匹配”。这里的“匹配”具有两层含义：①在点共生、间歇共生等低级组织模式下，繁殖能力的持续增长是共生单元寻求共生对象、维护共生关系的基本物质诉求。对资本共生体而言，这种增长体现为创投引导基金和社会资本规模增长幅度大致相当，即规模匹配。②在连续共生、一体化共生模式下，由于创投引导基金融资对社会资本融资的杠杆作用逐步增强，两类资本总量的变化体现为比例上的协调而非单纯数量上的对等。因此，对“匹配”的衡量就不应局限于资本规模，而应侧重于考察规模变化的比例是否协调，即结构匹配程度。

4.1.1.3 理性权衡静态均衡与动态均衡

创投引导基金与社会资本的静态均衡是指资本种群数量及其变化比例上的相对稳定性和持续性；动态平衡从实质上来讲是描述的对象投入产出比，但是较为特殊的是从相对值的角度出发所得到的，描述的对象是资本共生体，其描述内容为运动效率，这个过程当中将描述对象作为虚拟经济体。共生效率的评价不宜采用单个共生单元效率投入产出比的总和，而应采用能系统反映基于协作关系的全要素共生效率的评价尺度。

4.1.2 涵盖静态与动态两个层面共生关系的评价体系

资本共生关系的测度是一个系统性的评价体系。资本的繁殖不同于生物体的繁殖，资本共生关系不仅是数量增长过程中的相互影响，还蕴含着资本所有者、经营者等社会行为主体之间的相互影响。此外，社会资本边际效用递减规律和创投引导基金边际效用递增规律的博弈同样影响着资本共生关系。因此，对资本共生关系的评价有必要从规模评价走向效率评价。

在评价过程当中，本书运用到了多个经典模型，在测度上，借助了“共生度”

的概念，即相互的依存程度；以"共生系数"来评价两类资本的相对影响程度。对于动态层面的共生体运动效率，拟引入运筹学中评价相对有效性的数据包络分析模型，以此来测量"共生效率"。涵盖"静态"与"动态"两个层面共生关系的评价体系如图 4-1 所示。

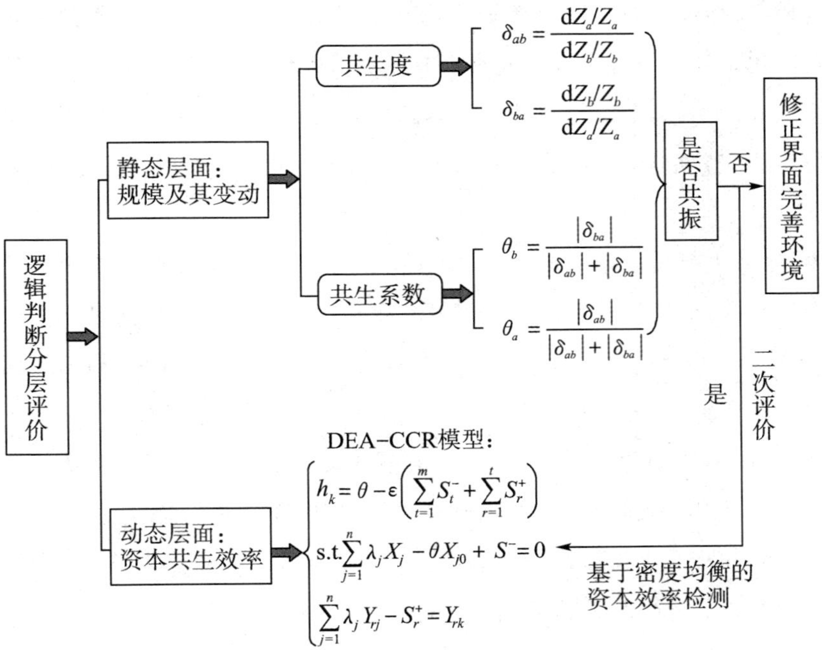

图 4-1 涵盖静态与动态两个层面共生关系的评价体系

注：相关公式的计算说明详见本章 4.2 节和 4.3 节。

通过对评价体系的分析，最终的结论显示，这种体系为二次评价体系，具体来说，我们的分析过程实现了从密度均衡到资本效率的推演，并且加入了逻辑判断。本研究设计二次评价，是基于以下考虑：首先，生物学中种群共生最直观的体现即密度与维度。在资本共生体中，维度是一个既定的常量，即涵盖创投引导基金与社会资本的二维系统；但资本密度是一个瞬时变化过程中的量，所以不宜使用"总规模""增长值"等绝对指标来衡量。如前所述，描述两类资本共生单元变化率及相互影响程度的"共生度""共生系数"等相对指标能有效揭示共生单元之间的共振效应——这是判断多元共生单元之间是否存在共进化的一个重要指针。本书通过对两方面内容的研究，做出了初步判断，一方面是整个过程中的规模变化，另一方面是资本之间的相互影响程度。

其次，资本共生的引力在于资本的"逐利性"这一主质参量。在资源、环境、制度等因素的限制下，某一资本共生单元自身密度的任意增长不仅无法最大化其产出，而且将引发共生关系的破裂。正是由于共生关系是"共生损耗"或"共生成本"(E_c)与"共生能量"(E_s)相互作用的结果，因此，任何共生单元不可能无限制地繁殖、增加。企业通过筹资行为在获得资本产出的同时，也需承担相应的筹资与用资成本。社会资本边际报酬递减规律与创投引导基金边际报酬递增规律的共同作用，最终导致共生成本的边际增长率与共生能量的边际增长率并不同步。"密度均衡"正是对这种投入与产出之间的有效匹配的一个量化反映。

再次，共生能量的净增加是维系共生关系的基本物质保障。共生能量是投入与产出函数，上述静态层面的规模及其变化的匹配只是共生能量产生的一个必要条件而非充分条件。和谐的匹配度有助于有限资本的合理配置，进而提升资本的投入产出效率。因此，通过初次测度，获得处于对称性($\delta_{ab}=\delta_{ba}=0$)或非对称性($\delta_{ab}\neq\delta_{ba}>0$ 时)互惠共生关系的共生单元，然后可对此进一步进行共生投入与产出比值的测度，以获取有关资本效率的评价值；若通过初次判断发现两类资本处于非互惠关系，特别是处于 $\delta_{ab}\neq\delta_{ba}<0$ 的状态时，资本的优化配置则丧失了"量"的基础，资本效率检测也就丧失了现实意义。

总之，共生关系是个多维度、多层面的综合体，对于资本共生关系的测度也应遵循这一客观规律，构建涵盖静态层面(规模匹配)的初次检测与动态层面(资本效率)的二次检测等两个方面的评价体系。需要进一步说明的是，初次评价与二次评价之间并非孑然独立而无任何内在逻辑。实际上，初次评价是二次评价的"量"的基础，为是否进行"质"的检测提供了一个直观判断；二次评价是初次评价的逻辑延伸，为全面勾勒资本共生单元从规模匹配到运作效率的动态发展过程提供了一个平台。

诚然，评价本身不是目的。通过共生关系的评价来引导资本配置、提高运作效率、优化资本网络并最终实现社会生产力的提升才是其核心要义。

4.2　基于共生度、共生系数的静态关系测度

4.2.1　创投引导基金与社会资本的行为关系——共生度

共生度是经济学中的一个重要概念，从某种程度上来讲，它与“弹性”相似。具体来看，它是指一个共生单元在质参量上所发生的变化对另一个共生单元相应变化的影响，也就是两者之间的关联度。为了更简便地进行研究，我们将两个共生单元分别设为 a 和 b，它们各自的质参量分别为 Z_a 和 Z_b 。共生度用 δ_{ab} 来表示，也就是社会资本对创投引导基金的依存程度；反之，δ_{ba} 表示社会资本对创投引导基金的影响，即创投引导基金对社会资本的依存程度，具体计算如式(4-1)和(4-2)所示。

$$\delta_{ab}=\frac{\mathrm{d}Z_a/Z_a}{\mathrm{d}Z_b/Z_b} \tag{4-1}$$

$$\delta_{ba}=\frac{\mathrm{d}Z_b/Z_b}{\mathrm{d}Z_a/Z_a} \tag{4-2}$$

共生行为关系及其主要特征如表 4-1 所示。

表 4-1　共生行为关系及其主要特征

共生度判定	共生关系	主要特征
$\delta_{ab}\neq\delta_{ba}>0$	正向非对称互惠共生	双方均获利但分配不均衡
$\delta_{ab}=\delta_{ba}>0$	对称互惠共生	利益分配均衡且进化程度相当
$\delta_{ab}\neq\delta_{ba}<0$	反向非对称共生	由于争夺资源而使双方均受害
$\delta_{ab}\cdot\delta_{ba}<0$	寄生	一方获利，另一方受害
$\delta_{ab}=0$ 且 $\delta_{ba}=0$	并生	彼此无任何影响，进化单纯依赖自身
$\delta_{ab}=0$，$\delta_{ba}>0$ 或 $\delta_{ab}>0$，$\delta_{ba}=0$	正向偏利共生	一方获利而另一方无影响
$\delta_{ab}=0$，$\delta_{ba}>0$ 或 $\delta_{ab}<0$，$\delta_{ba}=0$	反向偏利共生	一方获利而另一方受害

本章的数据来自国泰安新三板科技型中小企业上市公司数据和清科集团-私募通数据库，具体的时间节点为从 2013 年 1 月 1 日开始，到 2017 年 12 月 31

日截止。本章对所得到的数据做了进一步的整理，在这个过程当中主体分为两方面，一方面是最为核心的创投引导基金，另一方面是最为重要的社会资本。在对相应的两个数据库进行样本清理时，前者清理了 205 550 个，后者清理了 26 150 个。接下来依据以下几方面进行数据的进一步匹配与整理，这几方面具体包括机构名称和投资金额，除了较为特殊的投资领域之外，还包括容易忽略的投资时间。最终得到的样本为 37 750 个，在全部的样本数量当中，有多个样本重复出现在两个数据库当中，具体数量为 12 220 个。

将得到的数据进行 Excel 计算，最终得出结论，通过初步判断，我们认为两者之间具有一定的互惠关系，也就是说资本之间会相互影响，具体来看会产生同向变化。同时，如表 4-2 所示，δ_{ab} 与 δ_{ba} 值不完全相同。具体而言，多数情况下 $\delta_{ab} > \delta_{ba}$，彼此之间的影响力存在差异，即某一类资本对其共生伙伴的依赖程度不尽相同，呈现出典型的“非对称”进化特征。因此，可判断二者呈“正向非对称互惠关系”($\delta_{ab} \neq \delta_{ba} > 0$)。总之，在新三板共生介质中，创投引导基金与社会资本共生体中任何一个单元的密度变化均会带来其共生单元的同向非同步的跟进，二者具有种群进化的相对同频共振效应。

表 4-2　2013—2017 年新三板上市公司资本共生度

时间	$\frac{dZ_a}{Z_a}$	$\frac{dZ_b}{Z_b}$	δ_{ab}	δ_{ba}	共生度比较	共生行为关系
2013 年	0.1671	0.2176	0.7679	1.3022	$\delta_{ab} \neq \delta_{ba} > 0$	正向非对称互惠共生
2014 年	0.3452	0.3383	1.0203	0.9800	$\delta_{ab} \neq \delta_{ba} > 0$	正向非对称互惠共生
2015 年	0.2917	0.1995	1.4621	0.6839	$\delta_{ab} \neq \delta_{ba} > 0$	正向非对称互惠共生
2016 年	0.1688	0.0883	1.9117	0.5231	$\delta_{ab} \neq \delta_{ba} > 0$	正向非对称互惠共生
2017 年	0.1615	0.0895	1.8044	0.5542	$\delta_{ab} \neq \delta_{ba} > 0$	正向非对称互惠共生

4.2.2　创投引导基金与社会资本的相互影响程度——共生系数

在判断不同共生单元的相互影响的过程中，我们认为共生度仅起到初步判断的作用，它能够判断变化的方向，但是不能进一步判断相互影响程度。为了达成判断相互影响程度的目标则应该引入共生系数，该概念具体指的是两个共生单元之间相互影响的关系。对于两方面之间共生系数的计算，一方面是最基本的创投引导基金，另一方面是较为特殊的社会资本共生单元的主质参量。即：

$$\theta_a = \frac{|\delta_{ab}|}{|\delta_{ab}| + |\delta_{ba}|} \tag{4-3}$$

同理，社会资本与创投引导基金的共生系数 θ_b 为：

$$\theta_b = \frac{|\delta_{ba}|}{|\delta_{ab}| + |\delta_{ba}|} \tag{4-4}$$

式(4-3)和(4-4)所表达的内容从本质上来讲是一样的。为了使研究过程更为简单，本书仅研究 θ_a，对最终得出的结果做两方面的区分，一方面是大于 1/2 的情况，另一方面是小于 1/2 的情况。前者对应的结论是，创投引导基金对社会资本具有很大的影响，而社会资本对于创投引导基金的影响相对来说较小。

创投引导基金对于社会资本的影响用 δ_{ab} 来表示，反之用 δ_{ba} 来表示。从所得到的数据来看，δ_{ab} 大于 δ_{ba} 的情况更多，所以最终得出结论，θ_a 多数情况下均大于 1/2，也就是说创投引导基金对社会资本的影响相对来说较大，社会资本对于创投引导基金的影响相对来说较小。

从表 4-4 可以看出，创投引导基金在产业转型和经济增长中起到了更显著的推动作用。

表 4-3　2013—2017 年新三板上市公司共生系数

时间	$\frac{dZ_a}{Z_a}$	$\frac{dZ_b}{Z_b}$	δ_{ab}	δ_{ba}	共生系数（θ_a）	共生系数判定	共生体的相互影响程度
2013 年	0.1671	0.2176	0.7679	1.3022	0.3709	$<1/2$	社会资本对创投引导基金的影响大于后者对前者的影响
2014 年	0.3452	0.3383	1.0203	0.9800	0.5100	$>1/2$	创投引导基金对社会资本的影响大于后者对前者的影响
2015 年	0.2917	0.1995	1.4621	0.6839	0.6813	$>1/2$	创投引导基金对社会资本的影响大于后者对前者的影响
2016 年	0.1688	0.0883	1.9117	0.5231	0.7851	$>1/2$	创投引导基金对社会资本的影响大于后者对前者的影响
2017 年	0.1615	0.0895	1.8044	0.5542	0.7650	$>1/2$	创投引导基金对社会资本的影响大于后者对前者的影响

4.3 基于共生效率的动态关系测度

4.3.1 数据包络分析的运用原理

借鉴物理学的思想，通常经济学家将“效率”界定为有效产出与有效投入之间的比值，比较典型的如法瑞尔(Farrell，1957)的“技术效率”模型，即将经济效率定义为“既定投入下获得最大产出的能力”。在效率评价方法上，比率分析和回归分析是常用方法。前者数据来源比较便捷(会计报表)、计算简单，但由于存在人为设置指标权重的弊端，其评价结果通常有失公允，并且，单纯的比率分析无法满足多投入、多产出的评价对象；后者建立在自变量与因变量存在一定线性关系的假设基础上，通过最小平方法获取回归线，比较回归方程的差值来评价经济效率。该方法的一个主要弊端在于它是一种模糊评价，虽然能获得是否有效的信息，但无法获取不同决策单元之间的相对效率偏差以及与最优效率值的距离。

美国运筹学家 A. Charnes，W. W. Cooper 和 E. Rhodes(1978)提出了一个面向具有相同类型的多投入、多产出决策单元(DMU)的效率评价方法——DEA 方法。该方法主要利用对偶理论将分式规划、线性规划转化为对偶规划模型，通过比较各 DMU 的投入、产出是否位于生产可能性集的“前沿面”上来判断其效率问题，是一种典型的非参数统计估计方法。所谓“生产前沿面”，就是由有效的 DMU 生产点(多目标规划的有效解)所构成的轨迹，如图 4-2 所示。正是由于 DEA 不人为设置权重，其效率值是特定边界内的“群内效率”，其实质是特定 DMU 在群内的相对效率而非绝对效率。此外，DEA 方法不需事先设定输入值与输出值之间的显示表达式。因此，该方法的客观性和公允性较高。

DEA 的诸模型中较为有影响力的是由 Charnes、Cooper 和 Rhodes 于 1978 年所提出的对偶规划模型——CCR 模型。该模型引入了阿基米德无穷小量 ε，即在推广的实数域范围中，若 $\varepsilon > 0$，则为阿基米德无穷小，它等价于“任意 $\varepsilon' > 0$，存在 $\varepsilon' \geqslant \varepsilon''$”。假设有 n 个具有相同类型的决策单元(DMU)，每个决策单元均有 m 种输入值(投入)和 s 种输出值(产出)，则 n 个 DMU 所构成的投入产出矩阵如表 4-4 所示。

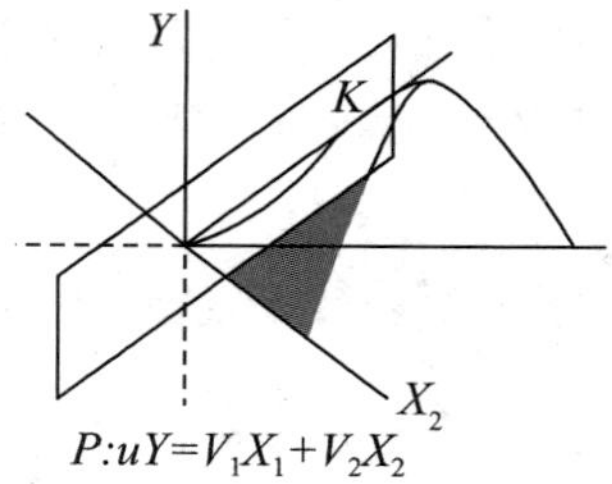

图 4-2　DMU 有效生产点构成的效率包络前沿面

表 4-4　DEA 投入产出矩阵

			1	2	…	n			
V_1	1	→	X_{11}	X_{12}	…	X_{1n}			
V_2	2	→	X_{21}	X_{22}	…	X_{2n}			
⋮	⋮								
V_m	m	→	X_{m1}	X_{m2}	…	X_{mn}			
			Y_{11}	Y_{12}	…	Y_{1n}	→	1	U_1
			Y_{21}	Y_{22}	…	Y_{2n}	→	2	U_2
			⋮	⋮		⋮		⋮	⋮
			Y_{s1}	Y_{s2}	…	Y_{sn}	→	s	U_s

上述矩阵转化为：

$\boldsymbol{X}_j=(X_{1j},X_{2j},\cdots,X_{mj})$ ，$j=1,2,\cdots,n$ ；

$\boldsymbol{Y}_j=(Y_{1j},Y_{2j},\cdots,Y_{sj})^{\mathrm{T}}$ ，$j=1,2,\cdots,n$ ；

$\bar{\boldsymbol{X}}=(X_1,X_2,\cdots,X_n)$ 构成 $m\times n$ 矩阵；

$\bar{\boldsymbol{Y}}=(Y_1,Y_2,\cdots,Y_n)$ 构成 $s\times n$ 矩阵；

对于权重系数，则有：

V_i 为第 i 种投入的权重，$\boldsymbol{V}=(V_1,V_2,\cdots,V_m)^{\mathrm{T}}$ ，$|\boldsymbol{V}|\neq 0$；

U_r 为第 r 种产出的权重，$|\boldsymbol{U}|=(U_1,U_2,\cdots,U_s)^{\mathrm{T}}$ ，$|\boldsymbol{U}|\neq 0$；

参考集 $\bar{T}=\{(X_j,Y_j)\mid j=1,2,\cdots,n\}$

其中：

X_{ij} 为第 j 个决策单元（DMU $-j$）第 i 种投入的数量，$i=1,2,\cdots,m$，$X_{ij}>0$；

Y_{rj} 为第 j 个决策单元（DMU $-j$）第 r 种产出的数量，$r=1,2,\cdots,s$，$Y_{rj}>0$；

X_{ij} 和 Y_{rj} 为观测值，可根据报表数据、统计年鉴或预测数据整理得到。

对于任意 DMU $-j_0$，已知 $\frac{uy_j}{ux_j}\leqslant 1$，$u>0$，$v>0$，则有

$$\frac{u}{v}\leqslant\frac{x_j}{y_j} \tag{4-5}$$

CCR 模型为：

$$\begin{cases}\max\dfrac{uy_0}{vx_0}=h_{j0}\\ \dfrac{u}{v}\leqslant\dfrac{x_j}{y_j},j=1,2,\cdots,n\\ u>0,v>0\end{cases} \tag{4-6}$$

由此推导：

$$h_0=\frac{y_0}{x_0}\left(\max\frac{u}{v}\right) \tag{4-7}$$

所以，相对于 $\boldsymbol{V}$ 和 $\boldsymbol{U}$，每个 DMU 的效率指数可转化为：

$$h_{j0}=\frac{\boldsymbol{U}^{\mathrm{T}}\boldsymbol{Y}_j}{\boldsymbol{V}^{\mathrm{T}}\boldsymbol{X}_j}=\frac{\dfrac{y_0}{x_0}}{\max\dfrac{y_j}{x_j}} \tag{4-8}$$

对于 DMU $-j_0$，其自身的效率与 n 个 DMU 的最大效率值之比为 h_{j0}，因此，是一种个体与群内所有成员相比较而言的相对效率。当 $h_{j0}=1$ 时，即可判断 DMU $-j_0$ 为 DEA 有效。此时，$\max\frac{y_j}{x_j}=\frac{y_0}{x_0}$，考虑 DEA 有效性对偶规划 CCR 模型如下式所示：

$$\begin{cases}\min\left[\theta-\varepsilon\left(\boldsymbol{e}^{\mathrm{T}}S^{-}+\boldsymbol{e}^{\mathrm{T}}S^{+}\right)\right]\\ \text{s.t.}\sum_{j=1}^{n}\lambda_j\boldsymbol{X}_j-\theta\boldsymbol{X}_{j0}+S^{-}=0\\ \lambda_j\geqslant 0,j=1,2,\cdots,n\\ S^{-}\geqslant 0,S^{+}\geqslant 0\end{cases} \tag{4-9}$$

其中：θ 为效率值，在 $\theta \in [0,1]$ 范围内，取值越大效率越高；

X_j 为第 j 个 DMU 的投入指标向量；

Y_j 为第 j 个 DMU 的产出指标向量；

λ_j 为 CCR 模型的规划变量。

上述模型的求解结果如表 4-5 所示。

表 4-5　DEA 有效性判定

DEA 效率	剩余变量与松弛变量	有效性判定
$\theta=1$	$S^-=S^+=0$	DMU_{j0} 为 DEA 有效
$\theta=1$	$S^+\neq 0$ 或 $S^-\neq 0$	DMU_{j0} 为 DEA 弱有效
$\theta<1$		DMU_{j0} 为 DEA 无效

这里 DEA“有效”的含义为：要达到现有的产出水平，任何一种投入都无法再降低，除非同时增加其他类型的投入；或者，在现有的投入条件之下，无法再提升任何一种产出，除非同时降低其他类型的产出。对于该模型中的两个偏差变量 S^- 和 S^+，前者为松弛变量，表示投入变量（成本）可节约的程度，$\boldsymbol{e}^{\mathrm{T}}s^{o-}$ 即第 m 项投入由 x_0 减少到 $\theta^0 x_0$ 以外，某些投入项还需减少的总和；后者为剩余变量，表示产出变量（收益）可增加的程度，即 $\hat{\boldsymbol{e}}^{\mathrm{T}}s^{o+}$ 为产出不足的总和。

判断某个 DMU 是否有效，也可通过观察其是否处于效率包络前沿面上。本研究采用 Office 软件包中的 Visio 软件，绘制图 4-3 以更为形象地描述某个 DMU 投影与效率包络前沿面之间的关系。其中：

横坐标 X_i 为 i 项投入；

纵坐标 Y 为产出，$uY=V_1X_1+V_2X_2$；

PR_C 为 DMU_C 在效率包络前沿面上的投影，虚曲线即 Y_C 约束下的效率前沿；

X_1-X_2 上的实曲线为效率包络前沿在二维平面上的投影；

C^+ 为 RP_C 在二维平面上的投影，C 为 DMU_C 在二维平面上的投影。

由此可推导，“相对有效”可表达为 DMU 的自身效率值与投影点效率值的比，即：

$$h=\frac{E_C}{E_C^+}=\frac{\dfrac{\overline{OY_C}}{\overline{OC}}}{\dfrac{\overline{OY_C}}{\overline{OC^+}}}-\frac{\boldsymbol{U}^{\mathrm{T}}\boldsymbol{Y}_j}{\boldsymbol{V}^{\mathrm{T}}\boldsymbol{X}_j}=\frac{\dfrac{y_0}{x_0}}{\max\dfrac{y_j}{x_j}} \tag{4-10}$$

同理，当某个 DMU 有效（DEA 效率值为 1）时，则可推导：

$$\max_{1 \leqslant j \leqslant n} \frac{y_j}{x_j} = \frac{y_0}{x_0} \tag{4-11}$$

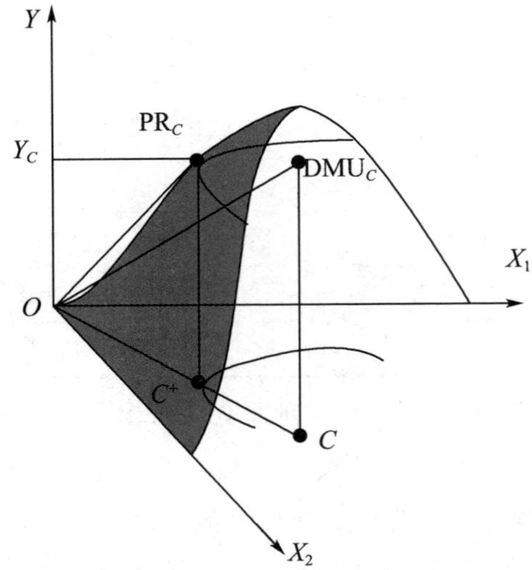

图 4-3　决策单元 DMU_C 在 DEA 效率包络前沿面的投影

4.3.2　基于 DEA 方法的资本共生效率评价模型的构建

运动是资本永恒的命题，资本效率来自周而复始的价值运动。当资本的流动或者资本的结合受阻，资本的效率则会随之下降。从生态学的角度来解读这一思想，则可理解为：多元共生单元在资本市场这一宏观介质及上市公司这一微观介质上，通过理性遴选共生对象、分工协作、共担风险、共享剩余（共生能量），“自组织”地构建并维护互利互惠的关系，形成最大化均衡共生能量分配的、“能进能退”的运动机制。因此，正是有了持续的互惠共生关系，资本效率才有了现实保障。

完全对称只是一种理论上的存在，在现实中存在的概率极低，所以在本书的研究中忽略了完全对称，而仅研究互惠共生关系之下的资本运动效率。资本效率从某种程度上来讲具有一定的长期性，因此在选择时间上应该尽可能长，本研究所选取的时间为从 2013 年开始，到 2017 年截止，评价期界定为 2018 年。

4.3.2.1　样本的选取与 DMU 的界定

二次进入评价的对象为来自国泰安新三板科技型中小企业上市公司数据和清科集团-私募通数据库，具体的时间为从 2018 年 1 月 1 日开始，到 2018 年 12 月 31 日截止。对所得到的数据做进一步的整理，则在这个过程中主体分为两方面，一方面是最为核心的创投引导基金投资信息，另一方面是最为重要的社会资本融资信息。根据相对应的两个数据库进行样本的清理，前者清理了 5368 个，后者清理了 5872 个。接下来，依据以下几方面进行数据的进一步匹配与整理，具体包括机构名称及投资金额，除了较为特殊的投资领域之外，还包括容易忽略的投资时间。最终得到的样本为 7812 个，在全部的样本当中，有多个样本重复出现于两个数据库，具体数量为 2613 个。

4.3.2.2　输入指标与输出指标的确定

在选取输入与输出指标时，力求充分考虑创投引导基金、社会资本各要素对决策单元投入产出比的影响。在数据的选取上需要尤其注意避免主观随意性的出现，本节研究的数据全部来自国泰安数据库。结合本书第 2 章共生关系的社会网络分析，本节的输入变量选取社会网络中最能直接反映创投引导基金和社会资本主要来源的两个要素作为变量：以年报中的“国家财政资金”来反映创投引导基金的整体投入；以年报中的“非创投机构资金”来反映社会资本的整体投入。对于输出变量，主要考虑资本的市场扩张性（共生界面的完善性）和资本的增殖性（新增的共生能量），具体的指标名称及其含义如表 4-6 所示。

表 4-6　输入输出变量的选取

输入变量（投入值）			输出变量（产出值）		
名称	数据来源	含义	名称	数据来源	含义
创投引导基金	国家财政资金	侧重反映创投引导基金的投入	市场占有率	营业收入	共生界面的完善性
社会资本	非创投机构资金	侧重反映社会资本的投入	获利状况	净利润	新增的共生能量

4.3.3 DEA 模型求解与结果分析

本研究采用 DEA 中的 CCR 模型，通过 DEAP V2.1 软件计算 2613 个样本的效率值，参数设定具体如表 4-7 所示。

表 4-7　DEA 模型的参数设定

Data in. txt	DATA FILE NAME
Out. txt	OUTPUT FILE NAME
2613	NUMBER OF INVESTMENTS
1	NUMBER OF TIME PERIODS
2	NUMBER OF OUTPUTS
2	NUMBER OF INPUTS
0	0 = INPUT AND 1 = OUTPUT ORIENTATED
0	0 = CRS AND 1 = VRS
0	0 = DEA(MULTI − STAGE), 1 = COST − DEA, 2 = MALMQUIST − DEA, 3 = DEA(1 − STAGE), 4 = DEA(2 − STAGE)

具体结果如图 4-4 所示。只有在满足一定条件的情况下，决策单元 DEA 才有效，即最优解 $\theta_0=1$ 且 $S^-=0$、$S^+=0$ 时。69 个决策单元为 DEA 有效，其效率等于 1，松弛变量 S^- 和剩余变量 S^+ 均为 0，该部分是效率包络前沿面，占比 2.64%，剩余的样本值依次处于区间 [0.75,1)，[0.5,0.75) 以及低于0.5，样本个数依次为 698，1438，408。占比依次为 26.71%，55.03%，15.61%。具体的分布情况如图 4-4 所示。

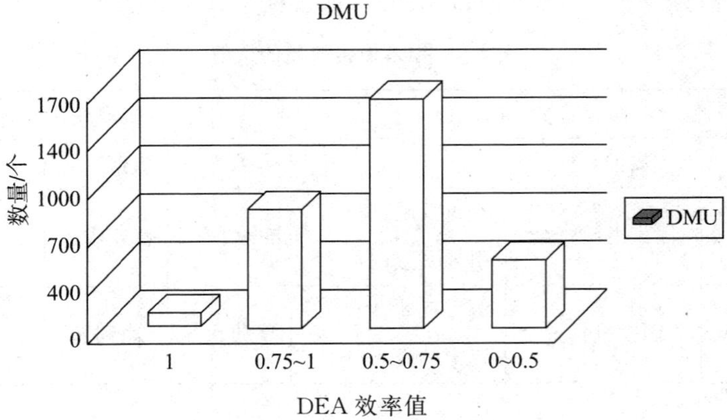

图 4-4　样本决策单元的 DEA 效率值分布柱状图

由此可见，我国新三板上市公司资本共生效率整体水平参差不齐、差异较大，处于效率包络前沿面的 DMU 比重较低。为了进一步了解 DEA 效率值及其偏差变量的分布情况，本研究通过 Excel 对前文二次评价中 2613 个样本 DEA 效率值与偏差变量的描述性统计（对于样本较大的统计量，采用科学计数），其结果如表 4-8 所示。

表 4-8　DEA 效率值与偏差变量的描述性统计

	Min 最小值	Max 最大值	Mean 均值		Std. Dev 标准偏差	Skew 偏度	Kurt 峰度
			Average 平均值	Std. Err 标准误差			
效率值	0.1290	1.0000	0.66204	0.0055	0.1597	0.1066	-0.4068
S_1^-	0.0000	97 150.0000	1526.7942	359.0512	10381.4859	7.5133	58.0651
S_2^-	0.0000	0.0000	0.0000	0.0000	0.0000		
S_3^-	0.0000	2.6531×10^9	16121679.0191	3885645.3987	1.1234×10^8	16.9773	371.0358
S_1^+	0.0000	1.2980×10^{10}	2.1507×10^8	32322556.7554	9.3456×10^8	8.6688	93.9513
S_2^+	0.0000	1.7330×10^{10}	48424803.9115	21938866.0168	6.3433×10^8	24.7576	664.4209
S_3^+	0.0000	8.4270×10^9	2.0789×10^8	18906105.2731	5.4664×10^8	8.2442	91.5924
N 样本数量	836						

由表 4-8 可知，DEA 效率值偏度 Skew 大于 0，数据分布形态有两种情况，一种是最基本的正偏态，另一种是较为特殊的右偏态。Kline（1998）认为，“当 Skew 的绝对值小于 3、峰度的绝对值小于 10 时，样本基本服从正态分布”。从绝对值来看，偏度的绝对值越大，其分布形态的偏斜程度越大。本研究中 Skew-DEA 为 0.1066，其分布形态的偏斜度相对较小。峰度 Kurt 是描述样本取值分布形态陡缓程度的统计量，峰度小于 0 意味着样本数据分布较之于正态分布更为平坦，为平顶峰。本研究中的 Kurt-DEA 为－0.4068，属于平峰分布。总体而言，本研究的结果基本符合正态分布，但 DEA 效率值多集中于较低水平。

4.4 本章小结

本章提出了由静态层面的规模匹配走向动态层面的资本效率的“逻辑判断”式二次评价体系。本研究运用“共生度”和“共生系数”进行初次测度，获得处于对称性($\delta_{ab}=\delta_{ba}=0$)或非对称性($\delta_{ab}\neq\delta_{ba}>0$ 时)互惠共生关系的样本共计 2613 个，进入二次评价，进一步检测其共生投入与产出的比值，即获取有关资本效率的评价值。那些通过初次判断处于非互惠关系的共生单元，将被排除在资本效率检测模型之外。

最后，通过数据包络分析的 DEAP V2.1 软件检测可知：占比 2.64%的 69 个 DMU 构成了资本共生效率包络前沿面，未发现弱有效 DMU。剩余的样本值依次处于区间 [0.75,1)，[0.5,0.75) 以及低于 0.5，样本个数依次为 698，1438，408。占比依次为 26.71%，55.03%，15.61%。最终得出结论：企业微观视角下，我国创投引导基金和社会资本的共生效率从整体上来看，前沿面占比较低，两类资本的运动效率有待整体提高。

第5章 创投引导基金与社会资本共生关系的影响因素研究

创投引导基金与社会资本的共生关系，可以被看成一种超越市场的、企业间的组织形态，较为繁杂、独特的经济系统或者组织单元是其在市场当中的表现形式。其在市场当中的持续演化可呈现出各种个体形态。经济系统均衡的产物可以是任意一种市场形态，经济系统之所以会呈现出短暂性的均衡，主要是因为持续动态的转变，具备多重性特征的是系统均衡点，均衡状态的不一致导致了发展途径的差别，后续的发展路径会受到之前阶段的发展情况的影响。所以，需要通过持续转变进程来构建资本的共生关系，这是顺应实际环境所必须经历的，并且这样的演化进程与系统演化所具有的重要特点相吻合。从对相关演化发展进程的调研（人类社会及自然界）成果可知，利用自组织中的各种组成元素和外部环境的长时间融合，现已初步建立了一个优于其他组织的进化途径及演化方式，其主要体现在各项资源的运用上面。对于经济活动来讲，具有代表性的经济机制（自组织）就是市场机制。创投引导基金与社会资本共生关系是在市场经济环境下自发形成的一种组织体系，因此共生关系的发展和演化也可以被看成一种自组织的进化过程。

5.1 基于能量分配的资本共生关系的相变

5.1.1 资本共生关系中共生行为与共生组织的结合矩阵

如前所述，共生模式按照共生单元之间能量生成与分配的关系可划分为“对称性和非对称性互惠共生、偏利共生以及寄生”四种行为模式（BM）。田刚等（2013）认为，按照共生关系的频度与持续度，共生关系可分为“点共生”“间歇共生”“连续共生”“一体化共生”四种组织模式(OM)。从二维空间的角度来看，共生行为模式与共生组织模式之间存在多种两两交叉与匹配的状态，即 $\boldsymbol{S_i(OM_i, BM_i)}$，进而形成涵盖16种可能集的矩阵，具体如表5-1所示。在该矩阵中，由左至右的变化体现了共生系统组织化程度的逐步提高；由上至下的变化则反映了共生体能量分配的均衡性水平的逐步提升，这两个变化共同代表着物种进化的方向与趋势。其中，**OM**或**BM**一个方向上的变化称为“**OM**相变”或“**BM**相变”；两个方向上的变化称作“混合相变”。相邻两个状态下的变化称为“连续相变”；跨状态的变化称为“非连续相变”。

表5-1　共生行为模式与共生组织模式构成的可能集

行为模式	组织模式			
	点共生（OM_1）	间歇共生（OM_2）	连续共生（OM_3）	一体化共生（OM_4）
寄生（BM_1）	$\boldsymbol{S_{11}(BM_1, OM_1)}$	$\boldsymbol{S_{12}(BM_1, OM_2)}$	$\boldsymbol{S_{13}(BM_1, OM_3)}$	$\boldsymbol{S_{14}(BM_1, OM_4)}$
偏利共生（BM_2）	$\boldsymbol{S_{21}(BM_2, OM_1)}$	$\boldsymbol{S_{22}(BM_2, OM_2)}$	$\boldsymbol{S_{23}(BM_2, OM_3)}$	$\boldsymbol{S_{24}(BM_2, OM_4)}$
非对称互惠共生（BM_3）	$\boldsymbol{S_{31}(BM_3, OM_1)}$	$\boldsymbol{S_{32}(BM_3, OM_2)}$	$\boldsymbol{S_{33}(BM_3, OM_3)}$	$\boldsymbol{S_{34}(BM_3, OM_4)}$
对称性互惠共生（BM_4）	$\boldsymbol{S_{41}(BM_4, OM_1)}$	$\boldsymbol{S_{42}(BM_4, OM_2)}$	$\boldsymbol{S_{43}(BM_4, OM_3)}$	$\boldsymbol{S_{44}(BM_4, OM_4)}$

然而，资本共生单元与生物共生单元客观上存在较大的差异。上述矩阵中所涉及的16种可能集，是一种纯粹的理论集合。该矩阵仅仅列举了共生行为模式与共生组织模式两两结合的各种状态，但未充分结合资本质参量与象参量来辨别各种集合的现实可能性。

首先，“寄生”并不产生新增能量，寄主作为单纯的生产者，其能量完全被寄生者所消耗，二者之间并未发生实质性的分工与协作。就生物共生体而言，寄生关系有可能以“一体化”的组织模式实现长期存在。在这种极端的状态下，寄主与寄生者的分工协作完全让位于“寄主权威”，虽具有形式上的稳定性，但一旦寄生者的能量消耗速度大于寄主的能量产生速度，共生关系就随之结束。因此，是一种“低效”的稳定。但从资本的本质特性来看，新增能量首先体现为企业净收益为主体的各类资本回报。这种回报本身源自多元资本之间的分工协作；并且，初始协作关系构成了后续分配关系的契约基础。然而，在丧失实质性协作关系的共生体内，任何一种资本共生体都不可能单纯“扮演”能量生成者的角色，而将其收益完全转移给寄生者。总之，违背“理性经济人”假说的寄生关系在资本生态圈内不具有现实的可能性。因此，寄生（$\mathbf{BM}_1$）将不与任何一类组织模式（**OM**）形成交集。

其次，“偏利共生”所产生的新能量由一方获取，即对一方有利（进化）而对另一方既无利也无害。资本共生的基本引力即寻求资本的保值增值，从资本投机性的角度来看，出于保值增值的考虑及机会主义偏好，各类资本之间可能发生随机性的或一次性的市场行为，即“偏利共生”行为模式与“点共生”的组织模式发生结合，即形成交集 $\boldsymbol{S}_{21}(\mathbf{BM}_2,\mathbf{OM}_1)$。但是，点共生极低的稳定性难以保障资本保值的安全性。因此，偏利共生在更大的程度上将通过间歇共生的组织模式来实现，即形成交集 $\boldsymbol{S}_{22}(\mathbf{BM}_2,\mathbf{OM}_2)$。总体来看，$\boldsymbol{S}_{21}(\mathbf{BM}_2,\mathbf{OM}_1)$ 与 $\boldsymbol{S}_{22}(\mathbf{BM}_2,\mathbf{OM}_2)$ 稳定性较低、界面相对单一、信息丰度有限，均属于资本共生关系的低级阶段。资本的“逐利性”作为资本进化的内在驱动力将推动共生关系向更高层次演化。

再次，“保值”毕竟只能带来一方的进化，仅仅只是维系资本共生关系的一个底线；加之我国资本市场的日益成熟与规范，试图通过投机行为来分享共生能量的概率越来越低。通过资本投入关系这一初始契约来实现能量的均衡分配，成为创投引导基金与社会资本共进化历程的必然趋势。非对称性互惠共生使参与共生的双方均能分享新增能量，只不过能量的分配不具有完全的均衡性。从一个较长的时期来看，由于分配差异的客观存在，非对称性互惠共生将导致各方能量积累的差异，进而形成“异步进化”，最终不利于共生关系的稳定发展。因此，一方面，非对称互惠共生行为难以实现一体化共生组织模式；另一方面，能量分享的事实部分满足了共生单元“逐利性”之诉求，因而排除了“点共生”之类单纯随机性的资本结合行为。综上所述，非对称性互惠共生行为关系多以间歇式或连续式组织模式出现，即形成集合 $\boldsymbol{S}_{32}(\mathbf{BM}_3,\mathbf{OM}_2)$ 或 $\boldsymbol{S}_{33}(\mathbf{BM}_3,\mathbf{OM}_3)$。

最后，对称性互惠共生关系代表了所有共生体进化的必然趋势，共生投入与共生产出的效率值及能量分配的均衡性均达到最优水平，对所有共生单元的激励与约束效应也最为突出。在这种行为模式下，由于参与共生的多方都能获得充裕而均衡的能量分配，在共生密度与生存质量方面均能获得大致相当的改善，因而其组织的稳定性明显优于“点共生”与“间歇共生”。多数情况下，共生单元在连续的时空条件下能自觉维护共生关系。进而，随着共生体内部开放度的提高，共生关系的维系力量逐步由分工性联系让位于权威主义指挥，各共生单元原有的独立性消失，组织的层级性凸显且维系成本激增。最终，当共生新增能量不足以弥补庞大的组织管理成本时，共生体将失去效率，共生关系在“自我扬弃”式的破裂中得以获得新一轮的更新与优化。由此可见，对称性互惠共生行为模式将以连续共生或一体化共生等组织模式来实现，即形成 $\boldsymbol{S}_{43}(\mathbf{BM}_4,\mathbf{OM}_3)$ 或 $\boldsymbol{S}_{44}(\mathbf{BM}_4,\mathbf{OM}_4)$ 两种集合。

5.1.2 共生关系相变的驱动

在自然科学当中有一个关键的专业术语，即相变，所谓的“相”指的是有相似的物理性质并且呈均匀状态分布于物质系统之中，并且其与除此以外的部分有相应的分界面，主要作用是将其隔离；所谓的“变”即物质从一种“相”转变为另一种“相”的过程。共生系统的相变可理解为共生体由一种行为模式向另一种行为模式的转化（**BM** 相变）；或者，由一种组织模式向另一种组织模式的转化（**OM** 相变）；或者，在 **BM** 与 **OM** 两个维度上均发生变化，即混合相变，两种模式的变化交织在一起，构成了共生关系的改变。

生物学的相关研究表明，对任意共生体而言，能量分配的改变、共生界面的变化以及能量使用选择方式的变化均可能引起共生系统的相变。假设共生体存在质参量 **Z**，**Z** 可描述为 (α,β,δ) 的函数，即

$$\mathbf{Z}=\mathbf{Z}(\alpha,\beta,\delta) \tag{5-1}$$

式中：α 为共生体偏离理想共生状态的系数“非对称分配因子”（$\alpha \leqslant \alpha_0$，$\alpha_0$ 为共生体不解体的临界非对称分配系数）；β 为共生能量使用选择系数，现实中的能量使用选择多为既包含密度增长的 R 选择，又包含质量提升的 K 选择，即“混合选择”，$\beta \in (0,\infty)$；δ 为全要素共生度。

$$
\begin{cases}
\alpha, \alpha = \dfrac{\sum_{i=1}^{m} K_{si}}{mK_{sm}} - 1 \\
\beta, \beta = \dfrac{r}{K} \\
\delta, \delta = \dfrac{\sum_{i=1}^{m} \delta_{si}}{\lambda}
\end{cases}
\tag{5-2}
$$

式中：λ 为共生界面的特征系数。

具体而言，α 因子刻画了共生体新增能量在不同共生单元之间分配的非均衡程度，不论是从某一方独占能量还是彼此均参与分配但不完全符合共生稳定分配条件（$E_{sa}/E_{ca}=E_{sb}/E_{cb}=K_{sm}$）时，都会发生共生行为模式的变化。因此，由 α 因子驱动的相变多为共生行为模式（**BM**）相变。δ 因子刻画了各个共生单元与共生系统之间的关联，侧重于反映系统内部的整体共生作用。它与界面的特征值成反比，与共生单元之间的两两关系成正比，当两两共生关系越强、界面的阻尼作用越低时，系统与共生单元之间的共生作用越强。可见，共生界面的改变将直接引起 δ 的改变，进而促成共生组织模式的改变。因此，由 δ 因子驱动的相变称为共生组织模式（**OM**）相变。β 因子本身就涵盖了混合选择，对能量的使用既有密度增容，又有质量改善，对行为模式和组织模式均有直接影响。因此，由 δ 因子驱动的相变称为“混合相变”。具体的相变驱动及其影响如表 5-2 所示。

表 5-2　相变驱动、相变类型及其对共生关系的影响

<table>
<tr><th>相变驱动</th><th>相变类型</th><th>对共生模式的影响</th><th>进化效应</th></tr>
<tr><td>α</td><td>BM 相变</td><td>改变共生行为模式</td><td rowspan="3">$\alpha \to 0, \beta \to \beta_0, \delta \to C$（$C>0$）时，相变具有进化效应；$\alpha \to 1, \beta \to \beta_C, \delta \to C'$（$C'<0$）且 $\beta_C \neq \beta_0$</td></tr>
<tr><td>β</td><td>混合相变</td><td>共生行为模式与组织模式均可能发生改变</td></tr>
<tr><td>δ</td><td>OM 相变</td><td>改变共生组织模式</td></tr>
</table>

5.1.3　创投引导基金与社会资本共生体相变的仿真建模

这一资本共生体作为一个社会领域的共生系统，其相变的基本规则与生物共生体具有较高的相似性，但在相变驱动和社会效应等方面又存在一定的差异。借鉴刘元兵、刘春晖(2011)资本共生态相变效率解析的基本思路，本研究拟构建创投引导基金与社会资本共生体相变的仿真模型(图 5-1)，以探析在能量分配博弈中，不同分配制度对共生行为模式与组织模式的影响及其进化效应。

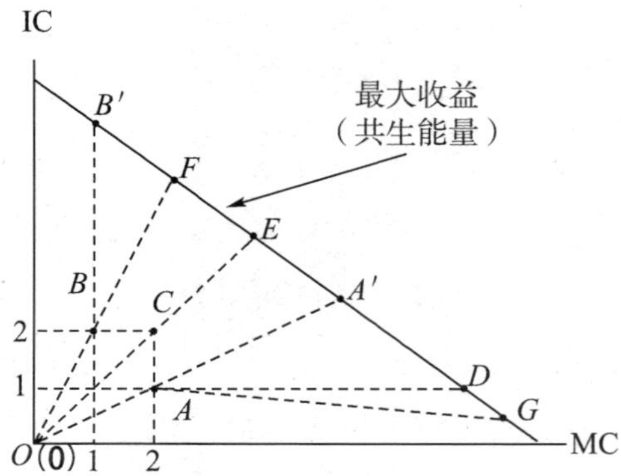

图 5-1　基于能量分配的资本共生体相变模型

在坐标系中，横轴代表社会资本(MC)所获得的能量，纵轴代表创投引导基金(IC)所获得的能量，并假设共生体所有的新增由两类资本共生单元以均衡或非均衡的制度予以完全分配。斜线 L 为共生关系的最大产出线，即在该线上的组合点(B'、F、E、A'、D 和 G)为两类资本的最大收益组合；而 L 线左侧的点为相对低收益组合点(A、B 和 C)；点 C 为无效收益点。因为此时两类资本并未发生任何共生关系，也就不存在共生能量的产出与分配。

在该模型中，以 $A(2,1)$点为初始共生状态点，此时共生体的总能量为 3 个单位，其中社会资本获得收益为 2 个单位，创投引导基金获得的收益为 1 个单位，是一种相对低收益水平下的非对称性分配；$C(2,2)$为低收益水平下的均衡分配点，$B(1,2)$点在能量总规模和分配属性上同 A 点，只不过两类资本的分配比例发生了逆转。在此，以 A 点为基础，根据 A 向各点的变化来解释能量分配对共生体相变的双重效应。

(1)$A(2,1)\rightarrow B(1,2)$

在从 A 点向 B 点的相变过程中，共生体的总能量并未发生改变(仍然为 3 个单位)，改变的只是各自的分配数量。从纯粹的生物学意义上来看，这种相变并不具有进化意义。但是，结合我国经济转型中的资本生态环境，尤其是对于高新技术型共生介质而言，创投引导基金对社会资本具有较强的杠杆作用，对企业价值这一基础性共生能量的贡献更为突出。因此，根据资本贡献来调节两类资本的收益分配，即在产出既定的状态下给予创投引导基金更为丰厚的回报，可视为资本共生体在知识经济条件下的一种“相对进化”。从共生组织模式来看，由于能量总规模受限，从 A 点向 B 点的相变依然“徘徊”在中、低端的间歇共生或连续共生；从共生行为模式来看，由于存在共生能量的双向交流机制，因而体现为一种典型的“非对称性互惠共生”模式。

(2)$A(2,1)\rightarrow C(2,2)$

在从 A 点向 C 点的相变过程中，共生体的总能量由 3 个单位增加至 4 个单位，且两类共生单元之间的分配比例也发生了更为均衡的改变。整体而言，在社会资本保持既有分配水平的状态下，创投引导基金完全获取新增能量，可视为一种有限产出约束下的局部进化。但是，较之于 L 线上的最优产出水平的组合点，依然是一种低水平下的共生态相变。从长远来看，低水平下的能量产出难以维系长久的均衡分配，C 点向 L 线的演化才是维系既有均衡的根本出路所在。现实中，在大量乡镇企业、民营企业在收益分配领域，尽管通过各种激励机制力图消减两类资本的回报差异，但人才流失危机频频发生。究其原因，能量产出规模与能量分配结构是一种相互制约、相互促进的动态过程，总体产出水平的有限无法巩固既有的“均衡”。总之，资本规模与能量规模均有限的乡镇企业、民营企业只有通过核心竞争能力的提升来赢得更为丰厚的市场回报，才有可能将低水平的均衡推向更高层次的均衡。

(3)$A(2,1)\rightarrow A'(\frac{16}{3},\frac{8}{3})$

由于 A' 点处于 L 线上，可见，从 A 点向 A' 点的相变是富有效率的演化，共生体的总能量增加值为 8，但各自的分配比例并未发生改变(仍为 2∶1)。从进化的角度来看，这种相变具有积极意义，在可供分配的总规模上有了可观的改善，使各个共生单元都以固定的比例获得了更为丰厚的收益。但是，不同共生单元对于共生总能量新增部分的贡献度可能存在一定的差异，而上述模型未提供有关共生损耗(成本)的信息。因此，依然按照原有状态下的比例分配源自“集体行为”的新增能量，将有失偏颇。总之，各个共生单元分配额度的增加有助于共生组织模式向更为稳定的状态演化，但由于分配的比例并未根据共生损耗进行理性的调整，所以，从 A 点向 A'点的相变依然是统一共生行为模式内的改进。

(4)$A(2,1)\rightarrow E(4,4)$

从 A 点向 E 点的相变代表了共生关系发展的主流方向与趋势。共生体的总能量增加了 5 个单位，可供分配的总规模扩大了。其中，新增能量中的大部分(3 个单位)分配给了创投引导基金共生单元，社会资本共生单元获得小部分(2 个单位)。在这一过程中，最具进化意义的是共生能量的分配比例由非对称性(2∶1)演化为对称性(1∶1)，也就是由非对称性转变为对称性的互惠共生进程。同时，随着能量分配组合点向最优状态的演化，共生关系日趋稳定，共生单元将在阻尼系数更低的系统之中做更进一步的协作分工，因此，间歇共生演化这种模式也会转变为连续共生或一体化共生。尽管资本的“逐利性”“指挥”着各类资本之间共生关系的缔结与维护，但资本的实现需要社会土壤的培育——公共领域一切代表着公平、理性、均衡的运行机制与治理行为来支撑。随着资本市场的健全及社会制度与规范的完善，资本分配领域的非均衡性在公共理性的敦促下逐步得以“矫正”，进而引致两类资本的共进化。

(5)$A(2,1)\rightarrow G(\frac{15}{2},\frac{1}{2})$

从 A 点到 G 点，共生能量增加了 5 个单位，其中，社会资本共生单元获得了 11/2 个单位，而创投引导基金共生单元虽然也享有能量分配，但较之于初始点，其所获能量却呈下降趋势，即转移给了社会资本单元 1/2 个单位。尽管可供分配的总能量有了规模上的增长，但分配的比例更加走向极端，即由原来的 2∶1演化为 7.5∶1。社会资本在瓜分大量的新增能量的同时还挤占创投引导基金的收益，两类资本的非均衡性日趋激化，其共生行为模式依然处于非对称性互惠共生，但由于分配比例的极端化，两类资本的共生关系难以为继，其组织模式多呈现低端的点共生或间歇共生。收益分配规模与结构不仅是资本运动效率的产物，同样，反过来将影响资本效率的稳步提升。某些传统资本密集型行业，例如煤炭行业，进入 21 世纪以来，行业投资进入“井喷期”，“十二五”前三年的固定资产投资就高达 1.55 亿元。然而，自 2013 年开始，报告业绩就以 50%的速度下滑，究其原因，技术创新理念薄弱、创投引导基金投资极为有限，是一个不可回避的现实问题。与此同时，社会资本竭尽所能地占有源自共生关系的新增能量。尽管整个行业通过“固投惯性”在短期内获得了极为丰厚的资本回报，但由于分配的极度不均衡，这种昙花一现式的能量激增并不能带来两类资本共生关系实质性的改善，最终将导致共生关系的终结。

(6)$A(2,1) \rightarrow B'(1,7)$

从 A 点到 B' 点，共生能量增加了 5 个单位，但并未改善初始状态的非均衡性，只不过分配的非均衡性发生了逆转，即从社会资本分享大部分收益转变为创投引导基金获取大部分收益。就共生行为模式而言，依然是非对称互惠共生模式内的转化；就组织模式而言，在工业经济低端向高端转型的过程中，社会资本收益的降低将导致该类资本的行为主体缺乏配合创投引导基金来实现共进化的内在驱动力，因而这种共生关系难以持续，“点共生”成为主要的共生组织模式。

5.2 创投引导基金与社会资本共生关系演化的内、外部驱动力

共生关系的演化需以一定的相变为基础，但并不完全等同于相变。相变具有“进化”与“退化”两种可能。在不同的时空条件下，进化相变与退化相变交叉进行着；而共生关系的演化则是从一个相对较长的时间内抽象出的各种相变的主流方向，或提炼出的一个具有规律性的变动趋势。不论是生物界还是社会领域，进化相变代表了演化的方向，即便在这个过程中或多或少地“掺杂着”退化相变，但螺旋式上升是一个不可否认的发展规律。就资本共生关系而言，由低级的点共生等组织模式、寄生行为模式向高级的一体化组织模式、非对称性互惠行为模式的相变，代表了资本运动的主流方向。总之，演化所关注的并非共生体在运动中的随机偶发行为，也不是一次次单纯相变结果的加总，而是旨在揭示与进化相变总趋势相关的种种问题。

5.2.1 资本共生关系的内部驱动力：资本的“逐利性”

如前所述，进化相变构成了共生关系演化的主流。马克思认为：资本只有一种生活本能，那就是增殖自身，创造剩余价值。资本是一个运动状态下的概念，资本只有参与市场交易才能实现其剩余价值。但是，资本要素与市场中的其他商品要素有着本质的区别，即“逐利性”。资本的“逐利性”作为资本共生关系构建的内在引力，推动着两类资本单元共生关系的演化。

(1)“逐利性”带有明显的“自组织”特征

随着商品经济与资本市场的完善，各类资本共生单元只有投入运动中，保值增值的诉求才有可能实现；相反，处于封闭状态下的单一资本由于无法通过自身的力量实现价值的凝结、转移与创造，保值增值的诉求自然也就无法实现。资本的“逐利性”不仅构成了资本共生的引擎，而且还推动着资本要素“自发地从低收益的部门流向高收益的部门以实现更高的资本效率”。

(2)“逐利性”具有“共变特征”

企业价值的实现需以两类资本的共生关系为基础，当某一类资本共生单元

的质参量与象参量发生了变化，而另一个共生单元依然处于静止状态时，则变化的一方为了追求更高的资本效率势必重新遴选与之匹配的共生单元，从而引发原有的稳定关系或均衡状态破裂。只有两类资本共生单元均以相当的规模与频度发生彼此跟进式的变化，这种变化才具有实质性的意义。可见，受资本“逐利性”的驱动，资本共生关系演化是一个原有状态不断被打破、新的状态不断被建立的动态过程，从稳定到失稳、从非均衡到均衡，循环往返，不断进化。就现实而言，如果企业的有形设备发生了升级换代，或者由于宏观政策的倾斜获得可观的货币资金，但管理、规制等创投引导基金要素未及时进行规模与结构的升级，那么社会资本的潜在价值功能就难以得到最大限度的激活；或者，企业短时间内通过放大了的“激励机制”吸引了大量优秀技术人才与高管，但由于社会资本要素未及时发生与之匹配的更新，资本共生体的现实生产力将受到束缚。最终，将导致技术的“僵化”、人才的流失与组织文化的“封闭”。总之，在缺乏“共变”效应下的单一资本增值难以成为资本共生关系演化的驱动力。

(3)“逐利性”具有明显的“快反特征”

在财务学中，货币的时间价值与风险价值是资本项目决策不可忽视的两大因素。然而，在速度经济时代，时间价值有了更为宽泛的外延，即基于规模扩张的价值增值模式逐步让位于以对市场需求快速反应为导向的价值增值模式。当然，这种转化与资本共生界面有着密切关联。在单一界面的共生环境下，各类资本之间的信息交流、分工协作均具有较高的时间成本；随着我国金融工具的创新及资本市场监管制度的完善，在介质多元、信息完备性较高、阻尼程度较低的界面上，各类资本能以更短的接触时间、更高效的信息互通来实现更为均衡的能量交换，并以此实现共生关系的进化。由此可见，在市场需求相对稳定而单一的共生环境中，通过密度增容即规模扩张能有效拓展市场份额；而在市场需求瞬息万变的共生环境中，单纯的密度增容不仅无法提升资本共生效率，还将带来庞大的共生损耗，即组织与管理成本。

因此，社会资本所有者借助于便捷的投融资平台，通过富有效率的结构资本加深与关系资本的合作，以更为迅速的资金供给缩短与企业的对接，资本“逐利性”的诉求才有了更为现实的保障。需要说明的是，资本逐利的“快反特征”并非着眼于短期利益。随着开放式创新与“组织即兴”的深入推进，共生体在毫无准备的状态下应对市场突发变化，本身就是一种“意图创造”能力的体现。这种能力不仅是核心竞争能力在新经济环境下的一种延伸，同时，由于“意图创造”具有学习曲线的效应，随着共生体与外部利益相关，尤其是随着核心客户参与企业创新的频度与广度的加深，共生体能在共生损耗最低的状态下及时地捕捉大量潜在意图以实现“未雨绸缪”，从而形成一种长期战略储备。

5.3　共生关系影响因素的理论分析与研究假设

在生物领域,创新的最初含义就是“重新排列”。各种生物对于新的自然环境,会进行主动的自主适应,会在某种程度上优化生物物种之间的相互依存关系与竞争、协作关系,推动物种之间共生、共同进化的发展。与自然界系统类似,社会系统也是通过竞争促进创新的。Cohen(1990)曾提出过类似理论,解释了自然系统和社会系统中创新驱动问题,并将这一理论称为吸收能力理论:自然系统和社会系统都是以关系网为创新的基础,吸收其资源将优势转变成创新的过程,这一过程具有动态性、实时性。王国顺、杨昆(2011)研究发现,处于社会网络之中的创新主体的社会资本吸收能量对内、外社会资本积累和创新绩效有着显著的中介效应。这两者存在明显的差异,Cohen 的理论是基于计划当中的创新意识,在这一理论中,即使是很小的创新行为,也可以归结为竞争的主动性尝试。而王国顺、杨昆的研究则是主动的重新排列或突发性的大幅度变化,从而将创新归结为对于竞争的一种回应机制,不受价值理论的限制。

在社会共生的体系中,社会资本与创投引导基金是通过差异性的界面、资金形式进行共同合作与分工的共生关系,其本质是共生引力作用下各个共生单元对资本保值增值的诉求。在知识经济的大背景下,对于一般的企业来说,实体社会资本对企业的辅助作用力度有限,而由于物质载体的空缺,创投引导基金也很难发挥其作用,若二者各自独立,则会导致其自身处于一种孤立、无助的境地。对于这种情况,以科技类中小企业为代表的共生介质,作为连接介质,将二者联系起来,以满足其自身对利益的诉求。相关理论表明:在社会网络中,并不是所有的个体都是息息相关的,部分个体与其他个体之间不存在空隙使二者中间无法进行联系。这需要一个“中介”个体的出现,将二者联系起来,并通过这种联系获得资源、控制以及信息方面的优势。上述理论是 Burt(1992)的结构洞理论,其中提到的“中介”并不是新出现的、一个视角高于其他个体的新独立成分,而是一个共生体与其他个体之间,以共生单元为基础的共生体。

在资本共生体结构中,社会资本是价值的“能量转换器”,将已有的价值进行转换,形成一种新的价值,而在其过程中不产生额外的共生能量的增加。创投引导基金在价值转移过程中不仅使使用价值的转换效率得到了提升，还创造了新的价值(能量)。但对于科技类中小企业来讲，活跃的创新氛围与完善的创新条件是其产生新的共生能量的必要条件。从长远来看，已存在的资本共生单元个体会不断选择新的对象个体，与其创建新的共生关系，与此同时，其现有的共生关系体系就会结束。总的来讲，社会资本与创投引导基金的价值提升的必要条件是一个活跃的创新环境。良好的创新氛围有利于相关知识与物质资源的匹配度得到提升，使创投引导基金的隐藏价值潜能得到激发，使对人与自然的共生关系进行调节把控的效率得以显著提升。这一关系的表现为创投引导基金与社会资本的关系。由此提出以下假设。

假设 1：创新氛围与资本共生关系为正向关系，创新氛围越优良，越有利于构建、维护互利互惠的共生关系。

若根据价值贡献方式进行类别划分，可以将资本分为创投引导基金和社会资本。若根据资本属性进行分类，则可以将其分为债务和权益两大资本类型。因此，资本是可以具有债务性和权益性的，将其与价值贡献分类相结合，可以将创投引导基金分为债务性引导基金和权益性引导基金。Williamson(1988)据此提出，资本结构确定了企业内部财务权力的分布情况，为企业进行财务管理奠定了基础。企业的融资状况在很大程度上决定了企业的资本结构分布。除此之外，衣龙新(2005)认为，企业的资本结构决定了企业财务权力的分布，而财务权力配置情况则是公司法人针对其进行治理的根基所在。

在代理成本方面，各种资本共生的个体单元都是基于将自身的价值产出最大化的目标，进行共生对象和平台的选择。因此，在这样的选择机制下就会出现矛盾关系：采用分权治理管理结构的企业中，存在由高管徇私舞弊导致的高“代理成本”的现象。另一种冲突关系可以将其简称为资本的“替代效应”，即存在于股东与债权人之间的矛盾关系。企业股东利用“有限责任”规则的阴影地带，进行高风险的投资行为，进而对债权人的利益产生了损害。部分债权人为避免这一现象，在与股东签署协议前添加了部分限制性的条款，从而导致了更高的相关代理成本。综上，一个稳固且合理的利益关系对于各产业、各行业在特定时间段内的利益主体个人来讲是非常必要的。而资本共生本质上并不是单纯的“资本”资金的共生关系，而是资金资本的管理个体之间的共生关系。

社会资本共生，按其属性可以将其分为债权和权益两大资本结构类别。但是随着股权下放、员工持股奖励机制的兴起，企业的高层管理人员的社会资本逐渐变成了债务和权益结合的资本属性。同时，在高技术性相关产业中，人力资本的专业性、不可替代性与其报酬中的"权益"属性呈正相关，而与"债务"属性呈负相关。这与传统的资本结构理论产生了很大的分歧，进而使企业面临一个进退两难的抉择：财务的杠杆倾斜较低会使债务性共生资本产生巨大的共生成本，进而导致社会资本的流失，使共生关系产生动摇，甚至面临关系破裂的风险；相反，若杠杆倾斜过高，则会使公司的破产风险值升高，给企业信誉相关机制带来不好的影响，会导致创投引导基金转向新的共生个体，同样会动摇共生关系，甚至导致关系解除。因此，我们可以提出以下的假设。

假设 2：财务杠杆与资本共生关系为正向关系，财务杠杆越趋于理性，越有利于构建、维护互利互惠的共生关系。

例如，根据会计收益(资本共生的新增能量)与权责发生制的关系，"本年利润"和"营业利润"，在不相同范围中包含了已经分配的效益或者即将被分配的效益。共生能量分配状况是否能够直接影响共进化的水平，这个结论是从共生单元的角度取得的；假如从共生体的角度出发，则每个共生单元实质获得的新增能量随之增加。固然，分配比例已经明确，即便出现了"耗散"，也依旧可以推动"共进化"。然而因为能量规模的局限性，这样的共进化其实是在低水平下的蔓延。因此，可以通过适宜的税收鼓励制度、偏低的赋税水平等方式公平分配共生能量，并且加强完善共生关系，目的是加强共生单元在更高水平下的共进化，意义十分重大。

假设 3：赋税水平与资本共生关系为反向关系，实际赋税水平越低，越有利于构建、维护互利互惠的共生关系。

综上所述，假如在共生单元 a 和共生单元 b 组成的共生体里，当共生成本(投入) E_{ca} 、E_{cb} 与共生能量(产出) E_{sa} 、E_{sb} 满足 $E_{sa}/E_{ca}=E_{sb}/E_{cb}=E_{sm}$ 时，这个共生体能够进行平稳的能量分配，其共生关系是最平稳的。通过物种进化的视觉分析，"对称性"分配可以对全部共生单元产生同等的激励影响，对共生体共进化的积极作用也非常明显，能够称作生物界资源设置的"帕累托最优"。然而许多实验结果显示：现实的分配情况反复在不同程度上偏离理想分配模式。每个共生单元产生共生关系所造成的物质损耗叫作“共生成本”,“阻尼程度”表示其物质损耗的程度,生物学界经常采用共生界面的特征值 λ 进行测度。因为 λ 和全要素共生度 δ_s 是反比关系[见式(5-3)],所以单要素共生度不变,λ 值增大,导致全要素共生度 δ_s 降低。所以,减少交流摩擦和交流损耗,是增加 δ_s 的重要方式。

$$\delta_s = \frac{1}{\lambda}\sum_{i=1}^{m}\delta_{si} \tag{5-3}$$

资本共生的界面主要是各类资本相互结合、相互交流的介质与方式,借鉴罗伯特·安东尼(Robert N. Anthony)的资本成本会计的基本构架,本研究将资本共生体生物能量损耗界定为两类资本为维持共生关系而付出的资本成本。债务资本以及权益资本是当代公司制企业的两大资本源泉,传统财务会计只是计算债务资本成本,而将权益资本成本当作利润且不计入资本成本中。安东尼在 20 世纪 70 年代提出资本成本会计的理论设想,目的是修正这些偏颇之处。他说,不仅是权益资本成本,还有债务资本成本作为企业融资代价全部应该采用一项费用进行确定。其他方面,股东权益应该分为“股东权益”及“主体权益”两大部分。如前文讲述,社会资本依照共生界面的多样性可以分成债权性的和权益性的,创投基金的各种重要组成因素也具备债务资本(应付员工薪酬以及消费资本的不变性返利等)和权益资本(长期股权激励等)双重性质。从资本的本质而言,可以将两类资本的共生损耗转变成二类成本,即权益资本和债务资本成本。

一方面,在其他因素不变的情况下,加强控制共生损耗(成本)可以缩短寻求共生对象的时间,并且提高信息交流的效率,具备提升全要素共生度的优势;另一方面,共生体融洽以及方便的交流渠道能够减少共生单元对外部环境的依赖,并且在交流过程中,不仅信息失真会减少,而且物质和能量的传输损失也会降低。因此,提出如下假设。

假设 4:资本共生成本与资本共生关系为反向关系,成本越低,关系越和谐稳定。

共生能量以共生关系的新增能量(共同收益)为基础,以 1+1>2 的方式产出,假设共生体系面临解体,那么新增能量则会变成无源之水。实验表明,在共生关系里,若某种共生单元投入要素的异质性更加突出、更加难复制,则表示其在能量分配的谈判中处于有利地位。因此，共生能量分配均匀程度以及分配多少是决定共生关系和谐稳定必不可少的因素，一方面作为共生关系的产物，另一方面改善着共生关系。

在寄生关系中，寄主单方面产生能量，而寄生者则是能量的“净消耗者”；在偏利共生关系中，全部新增能量由某一共生单元“独享”，虽然不损其他方但也不利其他方。上述两种低级共生行为关系下的能量转化均呈现“单向流动”的特征，不利于共进化，而导致其共生组织模式多为“点共生”或“间歇共生”，难以形成持久而稳定的组织模式。

通过第 4 章静态共生关系的测度可知，我国资本共生关系主要体现为非对称互惠共生，所有共生单元均参与共生能量的制造，且共享新增能量。然而因为能量分配以及利益积累并不均衡，两种类型资本在短时间里是难以实现“共进化”的。需要指出的是，即使在对称性互惠共生关系下，共生单元实现了“共进化”，这也只是设定时空条件下的产物；只有不断突破平衡，探索更高目标的利益均衡，共进化才有一定的意义。依据 Chris Langton（1994）涌现理论（theory of emergency）能够明白，离开平衡的共生关系里，共生体就会有目的地发生“放大”随机事件，企图依靠自组织的方式实现系统在更高水平上出现全新的秩序——共生关系本身隐藏的“涌现特点”能够对共进化的时效性产生影响。

关于资本共生能量的具体表现形式及其度量，理论界多采用量化测度与描述性测度相结合的方式。大量产业共生的文献多以产业链的优化、产业集群摩擦的消减、群内共生密度的增容等描述性指标作为衡量尺度。

为了保证研究变量来源及口径的一致性，本章使用的共生关系影响因素指标也同样直接选自上市公司年报（少数指标经笔者手工整理），力求减少变量替代所产生的误差。同时，考虑不同资本规模的共生，其新增能量客观上存在差异。由于资本规模的差异所带来的计量偏差，本研究拟通过相对指标“资产净利率”来权衡资本共生的新增能量，所以展开以下假设：

假设 5：资本共生能量与资本共生关系为正向关系，能量越高，越有利于构建、维护互利互惠的共生关系。

可参见 5.5.2 章节。

5.4 研究设计

5.4.1 变量的界定与数据的搜集

本章的实证研究拟承袭第 4 章共生关系评价的结果展开，即以第 4 章评价结果为被解释变量，包括描述静态共生关系的 δ_{ab} 、θ_a 和描述动态共生关系的 DEA 效率值。需要说明的是，δ_{ab} 与 θ_a 在反映共生关系时，其本质上是一致的，不同之处在于前者采用比值来清晰地描述两个共生单元的变化情况（a 受到 b 的影响）；相比之下，后者则主要采用它们在发生互动时其中一个单元所具有的影响力的强度来进行描述。因为在计算共生系数 θ_a 的过程中，采用了绝对值的形式来对其进行了处理，所以对消减方向性上存在的差异化是有利的。这样，从静态共生关系的角度来看，可以选择共生系数 θ_a 作为主要的参考。然而，实际上 θ_a 不是确定的，所以需要进行虚拟化形式的相关处理，也就是说，如果 $\theta_a > 0.5$ ，则对它赋值“1”；如果 $\theta_a < 0.5$，那么就对它赋值“0”。若是动态共生关系（它也是被解释变量），将会采用由 DEAP V2.1 软件得到的效率值，来忽略 S^- 及 S^+ 两个偏差变量。

如果是解释变量的情形，则采用相对值的方法来处理各个解释变量，以达到回归模型受到密度差异的相关作用被消减的目的。也就是说，采用绝对值和总资产两者之间的具体比值作为它的值，由密度的差异造成的结果偏差将会得到有效的消减，相关的细节有以下几个方面。

(1)创新氛围(IC)

它是一类共生环境方面的相关变量，因为存在着非常复杂的环境因素，所以不容易直接地对它采用量化的方法来评价。Lester(2002)从量化评价的角度指出，创新氛围本质上是个体与组织从事创新性行为的客观实在（具有物理性）。Phillips 等人(2000)则提出，IC 所具有的真实价值并非在进行创新的过程中各类物质形式的投入，而是无形资产。所以我们选择了无形资产率来描述其替代变量。

(2)财务杠杆(FL)

它的高低通常是通过债务融资所具有的占比来合理评估的。“债务融资”同时涵盖了某些创投引导基金(它有着债务资本的相关基本属性)及社会资本(它有着一定的债务性特征)。当前的工作将会选择虚拟化的“资产负债率”来进行财务杠杆理性化方面的评价。

(3)赋税水平(TA)

该参数也是一类共生环境方面的相关变量,不能够通过表内来获得税收方面的优惠制度(属于激励机制的范畴),然而可利用实际的赋税水平来进行间接性的评估。所以我们在进行赋税水平的评估时采用了“税费支付率”的方式。

(4)资本共生成本(CSC)

如果站在资本属性的角度来进行审视,可知对于所研究的两种资本来说,它们的共生成本(也就是实际的损耗)又包含了权益资本及债务资本等两个方面的成本,由于在权责发生制的条件下,采用费用类型或者是应付类的项目将不能清晰地体现出在样本年度中所需支付的实际成本的大小,所以采用了“现金支付率”来当作它的替代变量以供分析所用。

(5)资本共生能量(CSE)

该参数为两种资本出现共生的过程中的能量新增值,所以它涵盖了描述性及量化等两类不同的指标。因为是通过量化指标来进行被解释变量的描述,所以对于资本共生能量参数来说,将会采用年报里的收益类相关数据进行分析,也就是说,此处的替代变量为“资产净利率”。

在考虑控制变量方面,当前的工作将会通过“总资产相关自然对数”来对规模的大小进行有效控制。

根据上面的分析结果,由表 5-3 列出了所用的模型里不同变量所对应的具体名称、确切定义以及用以描述的相关符号等信息。

实际上,在形成各类关系时需要经过长时间的累积,也就是说,共生关系因受到不同影响因素的作用,必然要有相对长期的过程来实现,所以有着“时滞性”特征。比如说,从生物学角度来看,在形成共生能量时,要通过自然繁殖来实现,一些不可抗因素(包括具体的自然条件)将会产生作用。如果站在经济和社会的角度来分析,从具体共生对象的选择到最终共生契约的实现,其具体成本投入以及形成共生能量，实际上均为一类具有动态性特征的过程，是以共生界面作为基础的。从界面的角度来看，它有着一定的阻尼效应，所以，共生关系实际上受到各类因素的作用而且存在比较长的周期。此外，分析“投入知识要素→现实生产力的有效转化→形成相关的知识产权成果→后者的‘资产化’影响资本共生关系”这一过程可知，它是“由创造效用到改进社会关系的长期行为过程”。

表 5-3　关于资本共生内在联系有关影响因素中各模型变量的具体信息

变量属性	变量名称	变量符号	变量定义
被解释变量	静态共生关系	SSR	$\theta_a>1/2$，赋值“1”；$\theta_a<1/2$，赋值“0”
	动态共生关系	DSR	DMU_C 投入产出的群内相对效率值(DEA 效率值)
解释变量	创新氛围	IC	无形资产÷总资产
	财务杠杆	FL	FL∈[60%－5%，60%＋5%]赋值“1”；否则赋值“0”
	赋税水平	TA	支付的各项税费总资产
	资本共生成本	CSC	分配股利、利润或偿付利息支付的现金总资产
	资本共生能量	CSE	资产净利率
控制变量	企业规模	SIZE	总资产的自然对数

因此，本研究中被解释变量的时间依然沿用第 4 章的样本年度（即 2018 年），而解释变量的样本年度锁定为 2017 年，数据全部来自国泰安新三板上市公司数据和清科集团-私募通数据库，共计 2613 个样本值。图 5-2 综合反映了模型中各变量之间的关系及影响作用的路径。

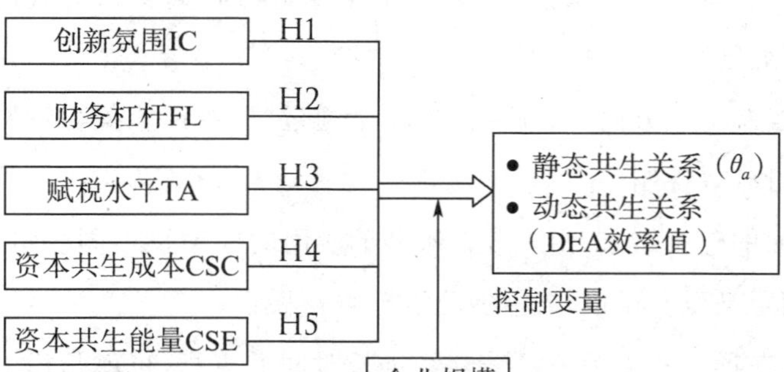

图 5-2　被解释变量、解释变量与控制变量之间的关系

5.4.2　研究模型的构建

根据上文分析，笔者进行了静态共生关系影响因素回归模型Ⅰ[即式(5-

4)]及动态共生关系影响因素回归模型Ⅱ[即式(5-5)]的构建。

$$\theta_a = b_0 + b_1 \mathrm{IC} + b_2 \mathrm{FL} + b_3 \mathrm{TA} + b_4 \mathrm{CSC} + b_5 \mathrm{CSE} + b_6 \mathrm{SIZE} + \varepsilon \tag{5-4}$$

$$\text{效率值} = b_0 + b_1 \mathrm{IC} + b_2 \mathrm{FL} + b_3 \mathrm{TA} + b_4 \mathrm{CSC} + b_5 \mathrm{CSE} + b_6 \mathrm{SIZE} + \varepsilon \tag{5-5}$$

式中：b_0 为常数项；ε 代表了随机误差项；$\varepsilon \sim N(0,\sigma^2)$，同时 σ^2 和解释变量之间不存在关联性；$b_1, b_2, \cdots, b_6$ 为 θ_a、DEA 效率值相应于各解释变量的偏回归系数。此处的两个回归方程分别被用来检验在控制企业规模的条件下，假设中的自变量对因变量的解释力度。

5.5 假设检验与结果分析

5.5.1 独立样本 T 检验

一般而言，因变量将会受到自变量以及各类控制变量的作用。为进一步清晰地认识共生关系在受到控制变量的作用方面存在的区别，可以根据控制变量对应的样本组数分别采用独立样本 T 检验法（两组）进行分析。如果存在显著性的差异，则可通过方差齐性来对样本方差的一致性进行检验，再判断后续是否需要通过多重对比的方式进一步检验。

根据 2011 年工业和信息化部、国家统计局、国家发展改革委、财政部联合发布的《关于印发中小企业划型标准规定的通知》，大型工业（含制造业）企业的划分标准为总资产 4 亿元及以上（忽略从业人员、年销售额等指标）。由此，本研究将按此标准将样本划分为大型企业和中、小型企业，进行独立样本 T 检验，结果如表 5-4 所示。

表 5-4 企业规模对被解释变量影响的方差分析

Variables 变量	Scale 规模	Volume 数量	Mean 均值	Variance Homogeneity 方差齐性		T-Mean T-均值	
				Levene 检验	Sig. 显著性	Sig. 显著性	Diversity-Mean 差异均值
静态共生关系（θ_a）	大型	832	0.5192	0.283	0.595	0.262	0.083
	中、小型	4	0.3333			0.261	0.083
动态共生关系（DEA 效率值）	大型	832	0.5795	0.373	0.542	0.433	0.058
	中、小型	4	0.5123			0.434	0.058

注：方差齐性检验的显著性水平为 5%。

从表 5-4 的检验结果可以看出，在置信度为 95%的水平上，企业规模对被解释变量——静态共生关系（θ_a）、动态共生关系（DEA 效率值）的影响均不显著。因此，无须对样本按规模进行分类比较研究。

5.5.2　描述性统计和相关分析

本部分数据加工处理主要通过 Stata15.0 统计软件完成，表 5-5 为各变量的描述性统计值。结果显示，所有变量的标准误差(Std. Err)均小于 0.05，所选样本群对总体样本的偏差较小；静态关系(SSR)即 θ_a 值处于 0.0001～1 范围内，均值为 0.5200；动态关系(DSR)即 DEA 效率值处于 0.1290～1 范围内，均值为 0.6620；由 SSR 和 DSR 的最大值均等于 1 可知，创投引导基金与社会资本同频共振且均有完全技术效率是一种现实存在，只是占样本的比重极低(结合第五章的 DEAP 运行结果综合而言)；创新氛围(IC)即无形资产率处于 0～0.3570 范围内，整体水平偏低；财务杠杆(FL)处于 0.0200～0.9000 范围内，均值为 0.3968；赋税水平(TA)处于 0.0010～0.3976 范围内，均值为 0.0420；从共生能量与共生成本的均值来看，前者($MEAN_{CSE}$ = 0.0495)明显高于后者($MEAN_{CSC}$ = 0.0265)，说明我国制造业企业的共生能量分配整体处于相对理性状态，未出现超规模分配。

表 5-5　各变量的描述性统计值

	Min 最小值	Max 最大值	Mean 均值		Std. Dev 标准偏差
			Average 平均值	Std. Err 标准误差	
动态关系(DSR)	0.1290	1.0000	0.6620	0.0055	0.1596
静态关系(SSR)	0.0000	1.0000	0.5200	0.0170	0.5000
创新氛围(IC)	0.0000	0.3570	0.0480	0.0012	0.0375
财务杠杆(FL)	0.0000	1.0000	0.3968	0.0065	0.1873
赋税水平(TA)	0.0010	0.3976	0.0420	0.0012	0.0359
资本共生成本(CSC)	0.0000	0.1938	0.0265	0.0007	0.0211
资本共生能量(CSE)	0.0003	0.3145	0.0495	0.0015	0.0435
企业规模(SIZE)	19.31	26.65	21.9515	0.0385	1.1115
样本数量	836				

相关分析旨在对变量间线性相关方向与强度进行初步的判断，本研究使用皮尔逊极差相关分析来求各变量之间的相关系数。表 5-6 为各变量的皮尔逊相

关系数。总体来看,动态关系(DSR)与静态关系(SSR)呈负相关,这主要与本书对共生系数的取值有关。由于本书取 θ_a,即社会资本对创投引导基金的影响力度来度量两类资本之间彼此的关系。结果显示,θ_a 值越高,DMU 的投入产出效率则越低;反之,若 θ_a 值越高,即创投引导基金对社会资本的影响力越突出,投入产出效率则越高。

从模型Ⅰ来看,只有"企业规模"(SIZE)这一控制变量与静态关系正相关。这说明资本的密度繁衍具有"继承性"特征,即初始规模越大,不同资本共生单元密度繁衍的协调度越高;相反,在初创期融资受限的企业,资本共生关系将随着各类共生单元的畸形匹配而难以为继,这就构成了企业成长中的资本繁衍"马太效应"。除此之外,模型Ⅰ中各个解释变量与被解释变量均呈负相关,且相关数的绝对值和显著性均低于模型Ⅱ。由于静态共生关系刻画的是一定连续期间内各因素的变动趋势,而本研究只提取了其中的一个连续期间(T_0 为 2017 年,T_1 为 2018 年),这从一个侧面反映了截面数据在进行趋势分析时的不足。

表 5-6　资本共生关系影响因素实证研究中各变量的相关分析

变量名称	DSR	SSR	IC	FL	TA	CSC	CSE	SIZE
DSR	1							
SSR	−0.019	1						
IC	−0.043	−0.018	1					
FL	0.400***	−0.045	−0.006	1				
TA	−0.272***	−0.016	0.082**	−0.154***	1			
CSC	0.190***	−0.009	−0.016	−0.041	0.433***	1		
CSE	0.296***	−0.017	0.054	−0.304***	0.436***	0.346***	1	
SIZE	0.316***	0.006	−0.126***	0.493***	0.067	0.110***	−0.017	1

注:**、*** 分别代表在 5%、1%的水平上存在显著性的关联。

分析有关的数据可知,对于被解释变量及解释变量之间存在的相关性而言,它们都比模型Ⅱ中的更高,绝大部分的动态共生关系和变量之间存在的相关性都是在 1%水平上具有一定的显著性,唯一的例外就是"创新氛围"一项,所得的分析结果如下。

①对于创新氛围(即IC)而言,它和静态以及动态等共生关系存在负相关,实际上,该结果不同于假设1有关的解释变量所对应的具体期望作用方向。出现这个结果就意味着制造业领域还有相对较差的创新环境条件,所以在资本的效率和配置方面,贡献度不高,而资本效率对于物质环境方面则有着相对较强的路径依赖性。

②对于财务杠杆(即FL)而言,它和动态共生关系之间存在正相关,且具有显著性,这就意味着如果财务杠杆比较合理,则它对所研究的两种资本之间达到互惠共生将会更为有利。

③对于赋税水平(即TA)而言,它和动态共生关系之间存在负相关,且具有显著性,实际上,该结果和假设3关于解释变量的相关期望作用有着一致的方向,这就意味着如果税收筹划比较合理,而且税收的环境比较理想,则对于共生界面的进一步完善是有利的,从而使共生单元得以进行自主性的选择和相互结合。

④对于共生成本(即CSC)而言,其与动态共生关系之间存在正相关,且具有显著性,实际上,该结果和假设4关于解释变量的相关期望作用有着完全不同的方向。因为初始借贷契约对劳动力补偿价值和利息等各类债务性分配起到一定的约束作用,如果在信用期里没有支付方面的弹性,则将是刚性支付的形式;在股利制度以及当期盈利等情况的作用下,股利等权益性分配将会具有比较好的支付柔性。在共生关系和分配性现金支付之间具有正相关的关联,该结果体现了下述两类现象:一些上市企业一般会采用相对较高的支付水平来维持既有关系,由于低股利收益率和高股利支付率两者同时存在,将会引起资本积累效率的降低;此外,国内制造业的一些融资(以及再融资)行为都过多地依赖于债务性资本。发展经济学的主流观点认为,作为理论上能带来剩余价值的一种能力——“资本积累效率”,其初始表现即为积累的能力。Burmeister(1970)的研究指出,技术变迁与产业升级对资本积累有较强的依赖性。在资本积累效率受限的情况下,即便在一定的时期内有着较高的投资利润率,积累规模也会因消费过量而受到负面影响。总之,我国制造业有必要通过理性权衡支付性分配与留存收益的关系来优化资本共生关系。

⑤对于资本共生能量(即CSE)而言,它和动态共生关系之间具有正相关的

关联，如果有比较充足的新增能量，则资本共生体将会有更高的运动效率。

5.5.3 多元回归分析

多元回归分析旨在通过构建线性方程来描述、预测解释变量和被解释变量之间存在什么样的对应关系，同时评估解释变量对被解释变量的预测力及其强度。

表 5-7 为共生关系影响因素实证研究的回归结果。

表 5-7 资本共生关系影响因素的多元回归结果

	模型Ⅰ				模型Ⅱ			
	Coefficient 回归系数	Std. Err 标准误差	Sig. 显著性	VIF 方差膨胀系数	Coefficient 回归系数	Std. Err 标准误差	Sig. 显著性	VIF 方差膨胀系数
b_0	0.201	0.386	0.602 (0.522)		0.261	0.096	0.007*** (2.707)	
IC	−0.134	0.470	0.776 (−0.285)	1.037	−0.301	0.118	0.011*** (−2.560)	1.037
FL	−0.211	0.114	0.064* (−1.854)	1.519	0.444	0.028	0.000*** (15.578)	1.519
TA	−0.228	0.574	0.692 (−0.397)	1.417	−0.863	0.143	0.000*** (6.019)	1.417
CSC	0.028	0.937	0.976 (0.030)	1.298	−0.071	0.234	0.763 (−.302)	1.298
CSE	−0.375	0.471	0.426 (−0.796)	1.404	1.376	0.118	0.000*** (11.686)	1.404
SIZE	0.020	0.019	0.286 (1.069)	1.414	0.006	0.005	0.177 (1.350)	1.414
F-value *F* 值	0.666				87.484			
Adj -R^2 调整 R^2 值	0.112				0.384			
Sig. 显著性	0.677				0.000***			
样本数量	836							

注：*** 表示在 1%水平上显著相关，* 表示在 10%水平上显著相关。

分析表 5-7 得出以下结论。

①多重共线性。由方差膨胀因子(VIF)取值接近 1 且小于 3 可以得出结论,上述模型中不存在多重共线性。

②模型Ⅰ中,F 值(F 检验的统计量值)与调整 R^2 值分别为 0.666 与 0.112,这两个值的大小说明只有解释变量“财务杠杆”在 10%的显著水平上线性相关,也就是说假设 2 能够通过模型Ⅰ的显著性检验。其他变量均不表现显著相关性,同时根据Sig.=0.667这一数值也可以判定模型整体并不能通过显著性检验。模型Ⅰ的拟合优度较弱主要是由以下原因造成的:θ_a 作为静态关系的替代变量,它选取从特定基期到与之相对的报告期这一时期作为研究周期,进行社会资本变动对创投引导基金变化影响的研究,而在本次研究中,由于选取 2013 年为特定基期,2014 年为相对报告期,只有一组样本而不是多个连续样本,因此最终刻画出的变动趋势是不具备代表性的。

③模型Ⅱ中,F 值与调整 R^2 值分别为 87.484 与 0.384,根据Sig.=0.000可以判定,模型整体是可以通过显著性检验的,因此它比模型Ⅰ的拟合优度要高。在创新氛围(IC)这一解释变量外,其他三项解释变量财务杠杆(FL)、赋税水平(TA)和资本共生能量(CSE)的显著性水平均为 1%,而创新氛围在 5%的显著水平上相关。因此在该模型下,假设 1、2、3 和 5 都能通过显著性检验。在模型Ⅱ中,FL 的回归系数为正,CSE 的系数在各个解释变量的回归系数中最高,说明它在动态共生关系的优化中起到了十分重要的作用。

由上述模型Ⅰ和模型Ⅱ的单独分析可以看出,只有解释变量“企业规模”(SIZE)在这两个模型下都不具备对共生关系的显著性影响。企业规模不断扩张的情况,会导致企业和外部利益相关者产生更加复杂的关系,同时也将进一步提升管理成本和交易成本,而在企业扩张达到一定规模的时候,有可能出现新增的共生能力无法再弥补由此产生的损耗的情况;或者,即便产生了大量的新增能量,但增长幅度低于共损耗的增幅,那么共生体的运动则呈现“负效率”。

资本共生成本(CSC)这一解释变量在上述两个模型下都不能通过模型的显著性检验。理论上来讲。共生损耗是可以服务于新生成共生能量的,当共生成本和共生能量同方向变动且变动幅度基本一致的前提下,共生损耗是有积极意义的。不应盲目追求共生成本的无限制降低,而应该采取成本控制导向的方法,追求降低成本与增加能量之间的平衡。

5.6 本章小结

首先，本章借鉴生物学中的相变驱动及其作用机理，构建了创投引导基金与社会资本共生体相变的仿真模型，以探析在能量分配博弈中，不同分配制度对共生行为模式与组织模式的影响及其进化效应。本章指出演化所关注的并不是共生体在运动中的随机偶发行为，也不是一次次单纯相变结果的加总，而是旨在揭示与进化趋势相关的种种问题。资本的“逐利性”构成了资本共生关系演化的内部驱动力，资本共生关系演化是一个原有状态不断被打破、新的状态不断被建立的动态过程，从稳定到失稳、从非均衡到均衡，循环往返，不断进化。由于共生界面所具有的“共生序”生成功能有助于各共生单元在进化的过程中形成一种共同遵守的有序关系，因而共生界面的完善构成了资本共生关系演化的外部驱动力。

然后，本章在梳理既有文献关于共生关系研究的基础之上指出，在社会经济领域，共生模式是一个人造系统所呈现出来的相互交往、相互协作、互惠互利的关系，它具有自然和社会的双重属性，既依赖于已有的自然资源，同时还能够理性控制共生密度并进行环境的合理改造。共生模式发展到更高级阶段时将不再拘泥于求同的目标，要求主质参量兼容，而将更加注重“存异”，追求各共生单元保持各自的比较优势，这种更高级的共生模式能够实现低消耗成本与高能量产出的均衡。本章选取创新氛围、财务杠杆、赋税水平、资本共生成本和资本共生能量为解释变量，以企业规模为控制变量，来探寻上述五个因素（解释变量）分别对静态共生关系和动态共生关系的影响力。通过 Stata 软件测算发现：静态共生关系影响因素模型（模型Ⅰ）总体上未通过显著性检验（Sig. =0.667）。该模型的拟合优度不强主要是由以下原因造成的：θ_a 作为静态关系的替代变量，它选取从特定基期到与之相对的报告期这一时期作为研究周期，进行社会资本变动对创投引导基金变化影响的研究，而在本次研究中，由于选取 2017 年为基期，2018 年为报告期，只有一组样本而不是多个连续样本，因此最终刻画出的变动趋势是不具备代表性的。动态共生关系影响因素模型（模型Ⅱ）总体上通过显著性检验（Sig. =0.000）。除了创新氛围（IC）这一解释变量以外，其他三项解释变量财务杠杆(FL)、赋税水平(TA)和资本共生能量(CSE)的显著性水平均为 1%,而创新氛围在 5%的显著水平上相关。在两个模型中,IC 的回归系数均为负值,这与假设的调节方向相反。该结果也可以反映出,现阶段我国科技型中小企业的创新环境尚未发展到高潮阶段,该类企业只能对资本配置与效率起到有限的影响。由上述模型Ⅰ和模型Ⅱ的单独分析可以看出,只有解释变量“企业规模”(SIZE)在这两个模型下都不具备对共生关系的显著性影响。企业规模不断扩张的情况,会导致企业和外部利益相关者产生更加复杂的关系,同时也将进一步提升管理成本和交易成本。

第6章　创投引导基金与社会资本共生关系的空间效应研究

不可否认的是，已有文献为本书奠定了深厚的研究基础，但总体上仍然存在值得进一步研究的空间，主要表现在两个方面。第一，尽管已有学者关注创投引导基金与社会资本需要共生协调发展，但相关研究仍停留在某一区域的资本共生效率的测算，而缺乏宏观经济层面的资本共生关系的测度和分析。第二，从理论上讲，制度环境、基础设施在创新要素积累和流动上具有重要的地位。一方面，完善的制度环境和基础设施具有资本扩张与积累的效应，区域制度环境和基础设施水平的提升有利于完善投资环境，吸引资本投资，同时也能降低市场要素流动和交易的成本，提高劳动生产率（高翔等，2015）；另一方面，从新经济地理学视角来看，制度环境和基础设施具有要素的空间集聚效应（张光南等，2014）。由此，值得思考和研究的问题是：当下中国各省份制度环境、基础设施等要素禀赋是否能够与"引导基金-社会资本"系统发展相匹配？同时，在区域发展极度不平衡的背景下，这种影响是否存在空间溢出效应？

6.1　省域视角下的共生效率测算：空间集聚与动态演进

6.1.1　研究模型、变量与数据

对于共生效率的测算，本节继续使用4.3节中所使用的DEA中的CCR模型，相关输入输出变量设置如表6-1所示。结合过往研究，以及第2章的社会网络分析和共生过程分析，本书将输入变量分为两组，创投引导基金子系统和社

会资本子系统，首先计算两个子系统的投入产出比，进而测算子系统之间的共生效率。创投引导基金与社会资本的共生效率测算可转化为如下线性规划问题：

$$\max \beta_1 \text{efficiency}_g + \beta_2 \text{efficiency}_s \tag{6-1}$$

式中：β_1和β_2分别为两个子系统相应的权重系数。如此，便可以通过线性规划求出最优解，进而分析整个共生系统的共生效率。

表 6-1　输入输出变量的选取与计算方法

变量类别	变量含义	计算方法
输入变量（创投引导基金子系统）	创投引导基金规模	地区创投引导基金规模取对数
	区域财政规模	（国家财政预算内支出/地区生产总值）×100
	科技支出水平	（财政科技支出/国家财政预算内支出）×100
输入变量（社会资本子系统）	社会资本投资率	（地区当年非国有资本投资额/地区生产总值）×100
	经济开放度	（地区实际利用外商直接投资/地区生产总值）×100
	教育水平	小学、初中、高中、中专和大专及以上受教育程度居民占地区 6 岁及以上人口的比重与受教育年限加权值
输出变量	泰尔指数	见式(6-2)
	第三产业发展水平	（地区第三产业产值/地区总产值）×100
	经济服务化水平	（地区第三产业产值/地区第二产业产值）×100

（1）区域财政规模

财政支出在产业结构优化过程中具有关键作用，一方面在于其资本供给，另一方面也会对产业发展形成引导作用。如近些年来我国新能源汽车产业的快速发展离不开制度补贴的支持。此处以总体规模，即（国家财政预算内支出/地区生产总值）×100，来衡量支出在产业结构优化中的影响作用。

（2）科技支出水平

科技创新对产业结构优化起促进作用，学者们主要以三种思路来衡量技术创新：第一种是投入法，即 R&D 经费投入法；第二种是产出法，如专利数量；第三种是技术影响法，如全要素生产率。本书采用第一种方法，以科技支出水平，即(财政科技支出/国家财政预算内支出)×100，来衡量技术创新对产业结构优化的促进作用。

(3)社会资本投资率

社会投资在我国经济社会发展过程中扮演着重要角色，也是影响产业结构变动的关键因素，此处以投资率，即(地区当年非国有资本投资额/地区生产总值)×100，来衡量社会资本对产业结构的影响。

(4)经济开放度

考虑到外商直接投资区别于国内资本的异质性，因而除了通过资本供给，也通过技术外溢促进技术水平提升，来促进产业结构优化。正如郭克莎等研究所得，外国直接投资区别于国内资本对产业结构具有显著的正反双向作用。故此处将外国直接投资从投资中分离出来，以经济开放度，即(地区实际利用外商直接投资/地区生产总值)×100，来衡量外商直接投资对产业结构的影响。

(5)教育水平

高素质的人力资本对经济增长具有重要作用(李国平，范红忠，2003；蔡防，都阳，2000)。本书以平均受教育年限($\mathrm{Edu}=a\times6+b\times9+c\times12+d\times16$，其中 a、b、c 和 d 分别为小学、初中、高中中专和大专及以上受教育程度居民占地区 6 岁及以上人口的比重)这类指标来度量教育对经济增长的影响。

(6)泰尔指数

关于产业结构调整的测量指标，本书选取的是泰尔指数(TL)、第三产业发展水平、经济服务化水平。根据上文的分析，产业结构的调整可由产业结构合理化与产业结构高级化两方面的指标来衡量。产业结构合理化指标方面，本书选用了泰尔指数来衡量，其计算方法如下：

$$\mathrm{TL}=\sum_{i=1}^{n}\left(\frac{Y_i}{Y}\right)\ln\left(\frac{Y_i}{L_i}\Big/\frac{Y}{L}\right) \tag{6-2}$$

式中：TL 为泰尔指数，在经济处于均衡状态下，TL＝0；Y 表示产业产值；L 表示就业；i 表示产业类别；n 表示产业部门数。该指数考虑了产业的相对重要性，还保留了结构偏离度的理论基础和经济学含义。当泰尔指数不为 0 时，表明产业结构偏离了均衡状态，即产业结构未达到完全合理。相对而言，泰尔指数越接近零，产业结构越接近合理。

产业结构高级化实际上是产业结构升级的一种衡量,一般文献根据克拉克定律采用非农产值比重作为产业结构升级的度量指标。虽然说非农经济产业产值比重的增加是一个很重要的规律,但是 20 世纪 70 年代之后信息技术革命对主要工业化国家的产业结构产生了极大的冲击,出现了“经济服务化”的趋势,而这种传统的度量方式没有办法反映出经济结构的这种动向。在信息化推动下经济结构的服务化是产业结构升级的一种重要特征,鉴于在“经济服务化”过程中的一个典型事实是第三产业的增长率要大于第二产业的增长率(吴敬琏,2016),本书采用第三产业产值与地区生产总值比值及第三产业产值与第二产业产值比值作为产业结构高级化的度量指标。这一度量能够清楚地反映出经济结构的服务化倾向,明确地显示产业结构是否朝着“服务化”的方向发展,因此这是一类更好的度量。

本节选取了 2000—2018 年我国 30 个省、自治区及直辖市的相关数据作为研究样本,创投引导基金规模数据来自私募通数据库,其他数据来源于《中国统计年鉴》《中国科技统计年鉴》和《中国工业统计年鉴》。

6.1.2 测算结果

根据一些省域创投引导基金和相关的社会资本共生效率所得到的最终结果(见表 6-2),我们利用比较专业的 GeoDa 软件描绘了比较直观的空间分布图(见图 6-1)。从图中能够了解到,从整体上来说,现阶段中国创投引导基金与社会资本的共生效率在近几年来得到了不断的提升。从相关的年份来看,2000—2004 年,测算的平均共生效率大于 0.5 的省份只有两个,上海(0.513)和福建(0.510)。但是,2005—2009 年发生了两极分化的问题。东部地区测算的共生效率一直不断提高,该地区拥有的共生效率大于 0.5 的省份有上海(0.785)、北京(0.534)、浙江(0.517)、广东(0.511)和天津(0.502),与此同时,西部、中部有很多地区的状况变得越来越不好。总的来说,1996—2005 年,我国创投引导基金和社会资本的共生效率都不高,但是在 2006 年之后,上述情况开始逐渐改善。2006—2010 年,测算得出的平均共生效率大于 0.5 的省份有 6 个:上海、浙江、广东、江苏、重庆、天津,它们的平均共生效率分别是 0.844、0.864、0.762、0.792、0.503、0.713。2011—2014 年,平均共生效率大于 0.5 的省份有 10 个:重庆、江苏、天津、浙江、山东、上海、四川、贵州、北京、广东,它们所拥有的平均共生效率分别是0.834、0.979、0.640、0.730、0.508、0.603、0.577、0.602、0.512、0.587。

表 6-2　省域系统生产率视角下的创投引导基金与社会资本共生效率的比较

	2000—2004 年	2005—2009 年	2010—2014 年	2015—2018 年	整体平均
北京	0.438	0.534	0.474	0.512	0.489
天津	0.280	0.502	0.713	0.640	0.534
河北	0.244	0.215	0.273	0.312	0.261
山西	0.183	0.178	0.247	0.424	0.258
内蒙古	0.250	0.176	0.233	0.218	0.219
辽宁	0.224	0.243	0.361	0.372	0.300
吉林	0.183	0.203	0.223	0.217	0.206
黑龙江	0.183	0.077	0.220	0.366	0.211
上海	0.513	0.785	0,844	0.603	0.686
江苏	0.324	0.341	0.792	0.979	0.609
浙江	0.309	0.517	0.864	0.730	0.605
安徽	0.218	0.175	0.344	0.450	0.297
福建	0.510	0.343	0.469	0.479	0.450
江西	0.268	0.194	0.211	0.344	0.254
山东	0.284	0.292	0.488	0.508	0.393
河南	0.220	0.183	0.306	0.380	0.272
湖北	0.110	0.158	0.376	0.398	0.260
湖南	0.166	0.189	0.330	0.317	0.251
广东	0.483	0.511	0.726	0.587	0.577
广西	0.145	0.168	0.308	0.447	0.267
海南	0.133	0.149	0.366	0.401	0.262
重庆	0.330	0.383	0.503	0.834	0.512
四川	0.134	0.215	0.384	0.577	0.327
贵州	0.339	0.239	0.381	0.602	0.390
云南	0.219	0.224	0.349	0.444	0.309
陕西	0.109	0.129	0.291	0.438	0.242
甘肃	0.103	0.117	0.163	0.319	0.176
青海	0.191	0.134	0.231	0.289	0.211
宁夏	0.219	0.220	0.286	0.390	0.279
新疆	0.323	0.214	0.355	0.474	0.342

6.1.3 空间集聚

为了更好地评估省域创投引导基金与社会资本共生效率所拥有的一系列空间集聚效应，本章有针对性地选择了莫兰指数（Moran's I）来科学严谨地检验其空间相关性，本次检验的构造方法见式(6-3)。

$$\text{Moran's } I=\frac{\sum_{a=1}^{n}\sum_{b=1}^{n}W'_{a,b}\left(\text{efficiency}_a-\overline{\text{efficiency}}\right)\left(\text{effciency}_b-\overline{\text{efficiency}}\right)}{S^2\sum_{a=1}^{n}\sum_{b=1}^{n}W'_{a,b}} \tag{6-3}$$

式中：$S^2=\frac{1}{n}\sum_{a=1}^{n}\left(\text{efficiency}_a-\overline{\text{efficiency}}\right)$，$\overline{\text{efficiency}}=\frac{1}{n}\sum_{a=1}^{n}\text{efficiency}_a$

最终获得的检验结果如表 6-3 所示。通过此表可以发现，每一个年份莫兰指数的统计量都显著为正，由此可以说明省域创投引导基金和社会资本共生效率的实际空间分布状况并不是彼此独立的，它们之间有着显著的正向空间集聚效应。

表 6-3　省域系统生产率视角下的创投引导基金与社会资本共生效率的空间自相关检验结果

年份	莫兰指数	年份	莫兰指数
2000	0.002*	2010	0.087***
2001	0.004*	2011	0.098***
2002	0.001*	2012	0.111***
2003	0.017*	2013	0.109***
2004	0.006*	2014	0.119***
2005	0.046***	2015	0.078***
2006	0.062***	2016	0.052***
2007	0.074***	2017	0.040**
2008	0.087***	2018	0.055***
2009	0.085***		

注：*、**、*** 分别表示在 10%、5%、1%水平上通过了显著性检验。

部分年份的莫兰指数散点图如图 6-1 所示，图中的第一象限区域代表的是高值空间集聚效应，这也意味着相关产生空间集聚效应的省域创投引导基金与社会资本共生效率较高。图中的第三象限代表的是低值空间集聚效应，这也意味着相关产生空间集聚效应的省域创投引导基金与社会资本共生效率较低。此外，第二象限和第四象限代表相关省域的共生效率分布具有一定的区域异质性。需要说明的是，图 6-1 中数字 1 到 30 所代表的省域依次分别是北京、天津、河北、山西、内蒙古、辽宁、吉林、黑龙江、上海、江苏、浙江、安徽、福建、江西、山东、河南、湖北、湖南、广东、广西、海南、重庆、四川、贵州、云南、陕西、甘肃、青海、宁夏和新疆。

从图 6-1 中能够了解到，2004—2018 年，进入相关的第一象限区域的地区一般情况下主要是北京、上海、浙江、江苏、福建等地理位置在我国东部的一些省域，第三象限区域主要是我国的东北三省和西部的一些省域，而中部省域总的来说存在一定的区域异质性。另外，随着时间的不断延伸，我国的四川和重庆等一些西部省域的散点慢慢地接近第一象限区域，从 2014 年开始，基本形成了一个以四川和重庆为中心的高值空间集聚区域。上述情况能够从图 6-1 中一系列相关的时空分布图了解到。

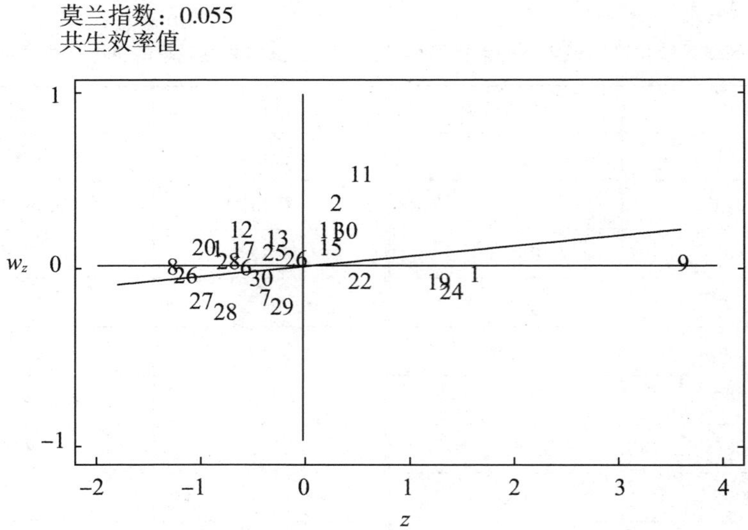

（a）2004年

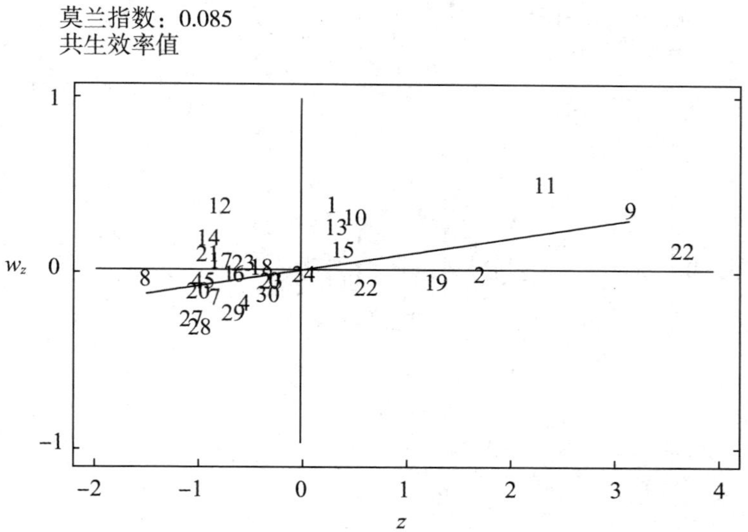

（b）2009年

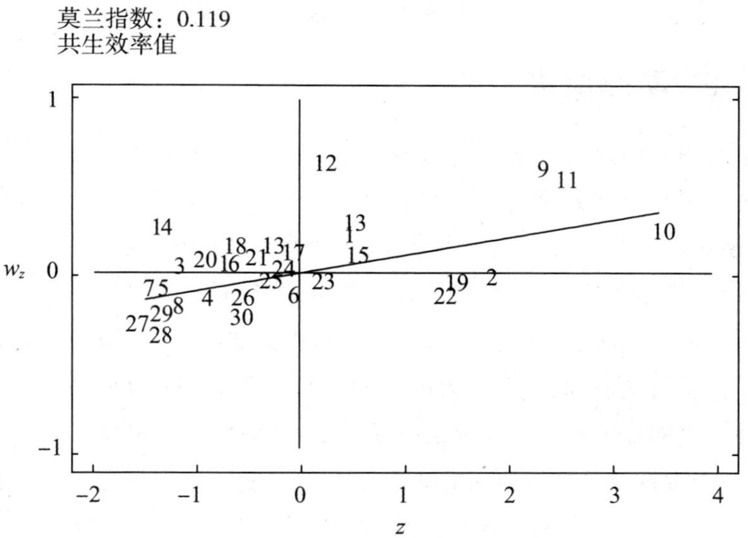

（c）2014年

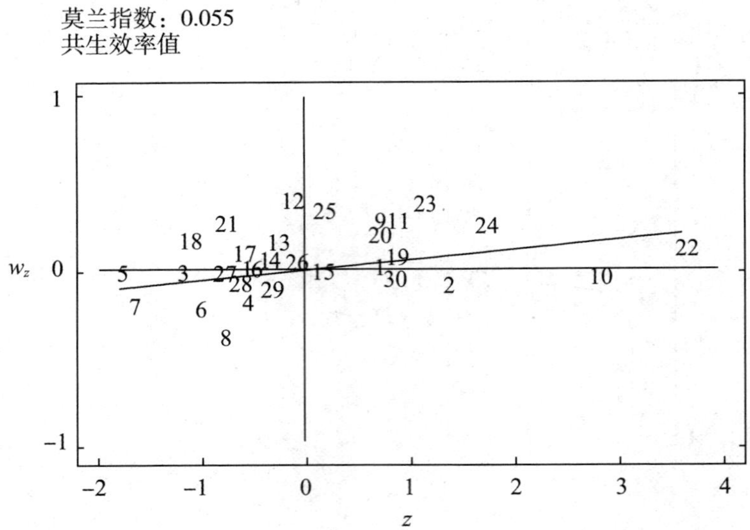

（d）2018年

图 6-1　2004 **年**、2009 **年**、2014 **年**、2018 **年莫兰散点图**

6.1.4　动态演进

本章采用非参数核密度估计方法，对我国创投引导基金和社会资本共生效率的动态演进趋势展开进一步的分析，同时描述区域共生效率的动态演进轨迹，总结演进的趋势特征和差异性。非参数核密度估计是概率统计的方法之一，主要用于非参数的检验，采取的检验方式是估计未知的密度函数。由于非参数核密度估计法的估计是直接基于数据本身分布特征而展开的，不依赖于数据分布的先验信息，因此可以有效避免由于依赖信息而产生的误差，从而使得该检验方法更加准确有效。本章采用 Stata 软件完成估计实验。

这 30 个省域及分区域层面的共生效率核密度估计结果如图 6-2 所示。首先分析：2000—2018 年，分布曲线的整体趋势是逐年向右平移，这表示从总体趋势上看，创投引导基金和社会资本的共生效率正逐年提升；将 2000—2004 年划分为一个时期，2005—2009 年划分为一个时期，再将这两个时期的分布曲线进行对比可以发现，后期分布区间变窄且峰值有明显上升，这代表在 2005—2009 年这一区间，创投引导基金与社会资本共生效率的发展趋势是逐渐收敛的，并且区域间差距减少了；2001 年以后为新的发展时期，这一阶段分布曲线的特征为峰值下降，出现双峰，且分布区间扩大，这是由于不同区域间，创投引导基金与社会资本共生效率之间有了越来越大的差距，并且两极分化的趋势越来越显著。

从东部地区的变化趋势来看，分布曲线整体上有向右平移的趋势，2000—2014 年，东部地区的共生效率不断提升，但是 2015—2018 年有分布曲线稍左移趋势，代表这一时期共生效率的提升过程出现了一定程度的下滑。与其他地区相比，东部地区的共生效率分布曲线集中在横轴右部，代表东部地区在共生效率上比其他地区拥有更高的水平；从曲线的峰值来看，东部地区的峰值整体有所下降，分布区间从 2005 年开始呈现扩大的趋势，直到 2015 年这种趋势才略有缓解，东部地区的内部共生效率的差距正逐渐拉大，出现了明显的两极分化趋势，直到 2011 年开始两极分化的速度有所放缓。

从中部地区的发展趋势来看，分布曲线整体逐渐右移，分布区间不断增大。2015—2018 年分布曲线呈现明显的左拖尾特征。虽然整体上中部地区的共生效率逐年提升，但同样面临着较严重的内部失衡现象。

从西部地区的曲线分布特征来看，总体上与中部地区相似，同样表现为曲线整体向右平移，分布区间逐渐扩大。西部地区同样存在明显的两极分化趋势，这从曲线右拖尾和多峰现象可以看出，这代表西部地区内出现了越来越多的高效率省域。在空间集聚效应的理论分析前提下，可以猜测，西部地区以重庆、四川等地为核心的第一象限高值空间集聚区域的形成，以及以甘肃、青海、宁夏等地为核心的第三象限低值空间集聚区域的形成可能是导致两极分化的主要原因。

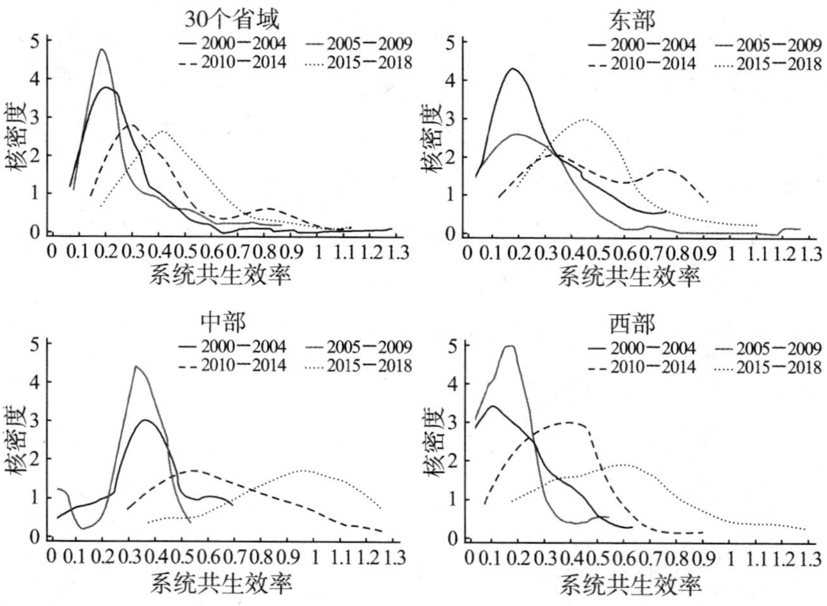

图 6-2　30 个省域及分区域共生效率的核密度估计结果

6.2 共生效率提升模式检验

6.2.1 空间计量模型的构建

根据上文的研究，可以知道创投引导基金与社会资本共生效率的提高存在着明显的空间关联性，所以在这一节里，本书将以空间计量经济学领域中的主要分析方法为基础，进行空间误差模型(SEM)及空间滞后模型(SLM)的构建，以便对创投引导基金和社会资本在共生发展时各自所起的具体作用进行深入的分析。

与之相关的空间滞后模型如下：

$$\text{efficiency}_{i,t} = \rho \cdot \boldsymbol{W} \cdot \text{efficiency}_{i,t} + \alpha_1 \cdot \text{fin} + \alpha_2 \cdot \text{gov} + \sum_k x_{k,i,t} \cdot \beta_k + \mu_{i,t} \tag{6-4}$$

空间误差模型表示为

$$\text{efficiency}_{i,t} = \alpha_1 \cdot \text{fin} + \alpha_2 \cdot \text{gov} + \sum_k x_{k,i,t} \cdot \beta_k + \mu_{i,t} \tag{6-5}$$

$$\mu_{i,t} = \lambda \cdot \boldsymbol{W} \cdot \mu_{i,t} + \varepsilon_{i,t} \tag{6-6}$$

式中：$\text{efficiency}_{i,t}$是我国不同省份的共生效率，下标 i 及 t 为省份及年份信息；x 代表了控制变量；fin 为金融市场支持程度；gov 为来自政府的支持程度；$\boldsymbol{W}$ 代表了空间权重的相关矩阵；ρ 所代表的是空间自回归相关系数的值，它主要被用来进行效率值如何受到我国的某些存在空间关联性的省份系统效率影响的有效度量；λ 代表了空间误差相关系数值的大小，它主要被用来进行随机冲击因素所对应的空间依赖性的科学度量。在测算变量时，所用方法为：

根据之前的测算，我们可得 efficiency 值。根据具体的地理距离标准来进行相关的空间权重矩阵的构建，则有

$$\boldsymbol{W}_{a,b} = \begin{cases} \dfrac{1}{d_{a,b}}; a \neq b \\ 0; a = b \end{cases} \tag{6-7}$$

式中：$d_{a,b}$ 为 a 、b 两个省级行政中心的间距，可利用 GeoDa 测得该数据。我们可通过创投资金在整个研发工作中的实际比值来有效地衡量政府支持(即

gov)。站在基础理论的角度分析可知,我们需通过多层次资本市场所对应的支持度高低来进行金融市场支持(即 fin)的科学描述。然而较为遗憾的是数据有一定的限制,所以选择了银行贷款在整个研发工作中的具体比例来进行度量。所用的控制变量 x 主要涵盖下述几个方面:地区经济水平(regional economic level,用 eco 表示),它主要通过相关省份的人均国内生产总值来进行描述;产业结构(industrial structure,用 ind 表示),它主要是通过在国内生产总值中相关省份所对应的其地区产业增加值的比例来进行描述;地区开放度(regional openness,用 open 表示),它主要通过在国内生产总值中该省份所具有的受实际进出口额的比例来进行描述;地区人力资本(regional human capital,用 hc 表示),它主要通过所研究的地区具有的受教育年限均值的相关对数形式来进行描述(测算所用的方法如下:我国不同地区所对应的受教育年限均值 = 识字较少甚至不识字的具体人数占比 × 0 年 + 文化程度为小学的相关人群占比 × 6 年 + 初中文化水平人数占比 × 9 年 + 文化程度为高中的人群占比 × 12 年 + 文化程度最低为大专的人群占比 × 16 年);地区制度环境(regional institutional environment,用 rq 表示),它主要通过《中国市场化指数》(樊纲等编)一书所给出的评价指标来进行描述,虽然该书的数据截至 2015 年底,但在后来推出的《中国市场化八年进程报告》一书中,列出了该研究团队的一系列新成果及数据,基于这些数据,使用插值法来有效地补充了所需要的数据,得到了 2000—2018 年不同省份的数据信息。

上述数据主要来源于《中国统计年鉴》《中国科技统计年鉴》《中国人口统计年鉴》以及中国人民银行网站等。

6.2.2　回归结果分析

表 6-4 详细地给出了空间误差回归及空间滞后回归等两个方面的主要数据,同时还通过面板 OLS 的研究方法来进行回归分析,以使有关的结果具有良好的稳健性,具体见表 6-4 第二列的数据。很明显,对于所有的回归分析方法而言,所得系数结果具有良好的一致性,这就意味着所得数据的稳健性很好。fin 系数为负值,没有符合显著性检验的相关标准;gov 具有显著的正值,这就意味着在现阶段各省份创投引导基金和各类社会资本的共生系统中,主要是以政府

来主导的发展模式。而且，ρ 与 λ 都是显著的正值，由此说明随机性冲击因素和省域系统效率分别有着较为显著的空间依赖性以及正向关联性。

从控制变量的角度来审视可知，eco 具有显著性的正值，这就意味着在提高各地区所具有的经济水平之后，将会相应地提高整个系统的效率；ind 为不显著的负值，意味着系统效率不会受到产业结构升级因素的显著性影响；open 为正值，意味着如果某个地区的开放程度提高，将会促进整个系统效率的提高；虽然 lnhc 为正值，但它没有达到显著性检验的相关标准，这意味着整个系统的效率提升作用没能有效发挥出来；对于制度环境相关变量而言，它的一次项及二次项系数分别是显著的负值及正值，这一结果意味着该因素具有 U 形影响规律，究其深层原因，该影响过程存在阈值效应，如果环境条件偏差，则无法有效促进整个共生系统取得良好的效率，只有高于某一阈值时才能够起到相应的促进作用。

表 6-4 共生效率提升模式检验的回归结果

	(1)	(2)	(3)
	OLS 回归	空间滞后回归	空间误差回归
ρ		0.222**	
λ			0.370***
fin	−0.108	−0.116	−0.095
gov	0.286***	0.255***	0.257***
eco	0.137***	0.108***	0.133***
ind	−0.137	−0.094	−0.018
open	0.155***	0.147***	0.132***
lnhc	0.015	0.007	0.003
rq	−0.101***	−0.095***	−0.093***
rq^2		0.008***	0.008***
Hausman Test	固定效应	固定效应	固定效应
R^2	0.575	0.574	0.572
Log-likelihood 对数似数值		583.956	586.158
AIC	−1143.929	−1147.911	−1152.316
BIC	−1104.818	−1104.455	−1108.859
观测数	570	570	570

注：**、***分别表示在 5%、1%水平上通过了显著性检验。

6.2.3 稳健性分析

为了进一步验证上述结论的稳健性，本节以 **W**_2 来代替 **W**，以对所得结论具有的稳健性进行有效的验证，采用式(6-8)来进行。表 6-5 详细地列出了相关结果。很明显，进行稳健性检验之后，获得了和之前工作基本相符的结论，或者说，这些结论的稳健性良好。

$$W_{a,b}\_2=\begin{cases}\dfrac{1}{d^2{}_{a,b}};a\neq b\\0;a=b\end{cases}\tag{6-8}$$

表 6-5　以 W _2 为空间权重矩阵的回归结果

	(1)	(2)	(3)	(4)
	空间滞后回归	空间误差回归	空间滞后回归	空间误差回归
	W _2	**W** _2	**W** _2	**W** _2
ρ	0.291***		0.140**	
λ		0.322***		0.168**
fin			−0.113	−0.086
gov			0.266***	0.268***
eco	0.074***	0.112***	0.119***	0.135***
ind	−0.015	0.131	−0.113	−0.086
open	0.194***	0.190***	0.138***	0.126***
lnhc	0.054	0.015	0.005	0.010
rq			−0.096***	−0.100***
rq^2			0.008***	0.008***
Hausman Test	固定效应	固定效应	固定效应	固定效应
R^2	0.477	0.477	0.575	0.574
Log-likelihood 对数似数值	534.606	535.530	583.556	583.824
AIC	−1057.211	−1059.059	−1147.112	−1147.649
BIC	−1031.137	−1032.986	−1103.656	−1104.193
观测数	570	570	570	570

注：**、*** 分别表示在 5%、1%水平上通过了显著性检验。

6.2.4 实证结果的现实解析

参考全球不同国家在金融及科技等方面所取得的成功经验可知：

首先，不管采用哪一类模式，在其发展过程的最初阶段，由于没有健全的法律保障及完善的资本市场条件，所以需要以政府来主导社会资本和引导基金这两者之间的良性健康共生发展，美国在20世纪50年代组建了"小企业发展管理局"，以便更好地支持该国创新型企业的建设及发展。

其次，当该类共生系统得到了一定的发展之后，将会利用金融体系来促进它的发展及完善。20世纪90年代日本着力改革该国的金融体制，有效地发展了其资本共生系统。

6.3　进一步的分析:环境异质性的影响

由上文可知,当前所研究的社会资本和创投引导基金两者的共生效率水平会受到一系列的环境因素(如基础设施条件以及区域制度等)所具有的异质性的不同程度影响,本书这里将会就这些影响展开实证性的分析研究。着重探讨的问题包括:首先,国内不同省份所提供的创投引导基金和社会资本形成共生系统,其共生效率与具体的环境条件的匹配程度如何?其次,我国不同区域之间存在着较为明显的发展失衡问题,这对空间溢出效应会有怎样的影响?

6.3.1　本地效应检验

我们先要对该共生效率如何受到区域制度环境及基础设施条件等的影响进行深入的检验,所建模型为:

$$\text{efficiency}_{i,t}=\alpha+\beta\text{infra}_{i,t}+\gamma\text{system}_{i,t}+\eta\text{control}_{i,t}+\varepsilon_{i,t} \tag{6-9}$$

式中:下标 i,t 分别表示相应的省份和年份。被解释变量 efficiency 为创投引导基金与社会资本的共生效率,利用之前介绍的 DEA 方法来进行相关数值的测算。其中的 infra 为该区域的基础设施发展水平,主要利用其铁路及公路的各自密度总和来进行描述。system 为具体的制度环境,通过金融业市场化条件、法治环境以及市场化进程等多个参数来描述。control 为相关的控制变量,其中涵盖了 lneco,它主要通过我国不同省份所对应的人均国内生产总值对数来进行合理的描述;某个地区的具体开放程度(open),主要以国内生产总值中特定地区的进出口额的具体占比之大小来进行描述;地区产业结构(ind),主要通过国内生产总值中特定地区所具有的工业生成总额的具体占比来进行描述;而人力资本(hc)则通过其相应的劳动者受教育程度的平均年限来进行描述。

通过 Stata 软件,结合上文构建的模型 6-8,对共生系统所具有的本地效应如何受到基础设施条件及制度环境条件等方面的影响进行深入的探究。表6-6的第二列详细地列出了通过 OLS 法所得到的计算结果。很明显,infra 在 1 %的水平上显著。system 值虽然是正值,但是不符合显著性检验的相关标准。主要的成因或许是该系统效率、基础设施条件及制度环境条件等因素相互间具有逆向因果的关联性，由此使得该模型存在内生性的相关问题。由 Arellano 及其合作者(1995)所开展的工作表明，采用 GMM 相关模型可以针对上述问题给出合理的解决方案，所以采用了通过 DIF-GMM 以及 SYS-GMM 来进行回归分析，其所得数据见表6-6的第三、四列。很明显，在这一情况下，system 和 infra 两个系数都是显著性的正值，这就意味着基础设施条件及制度环境条件都起到了本地效应作用(具有显著性)，从而有效提升该共生系统自身的效率水平。如果从控制变量的相关角度来审视，可知在提升开放程度、工业化水平及经济发展质量的同时，也相应地提高了整体的系统效率。对于所用模型，其所得的 Sargan 检验相关结果都对原有的假设予以接受，这就意味着工具变量都具有良好的有效性，由此很好地解释了上述问题。

表 6-6　本地效应回归结果

变量	(1)	(2)	(3)
	OLS 回归	SYS-GMM 回归	DIF-GMM 回归
L efficiency		0.571***	0.503***
infra	0.085***	0.091***	0.063***
system	0.001	0.007***	0.007***
lneco	0.087***	0.011***	0.039***
open	−0.023	0.076***	0.057***
ind	−0.174	0.213***	0.015
hc	0.012	0.012***	0.004***
常数项	−0.573	−0.242***	−0.331***
R^2	0.446		
Hausman test	固定效应		
Sargan test		1.000	1.000
观测数	570	540	510

注：*** 表示在 1%的水平上显著。

6.3.2　空间溢出效应检验

为了对制度环境、基础设施与创投引导基金 & 社会资本共生效率的空间溢出效应进行有效的检验，本章将空间滞后项引入模型 6-9，通过空间计量经济学方法进行空间杜宾模型的构建。具体模型如下：

$$\text{efficiency}_{i,t}=\alpha+\rho \boldsymbol{W}\ \text{efficiency}_{i,t}+\beta \boldsymbol{W}\ \text{infra}_{i,t}+\gamma \boldsymbol{W}\ \text{system}_{i,t}+\eta \text{control}_{i,t}+\varepsilon_{i,t} \tag{6-10}$$

式中：$\boldsymbol{W}$ 为空间权重矩阵，按照地理距离标准进行构建，即

$$W_{a,b}=\begin{cases}\dfrac{1}{d_{a,b}};a\neq b\\ 0;a=b\end{cases}$$

式中：$d_{a,b}$为 a、b 省级行政中心直线距离的长短，该数据的测算是由 GeoDa 软件完成的；ρ 代表空间自回归系数，主要度量空间关联省域共生效率对本省域共生效率的影响。

进行空间溢出效应的实证分析前，需要对解释变量空间相关性进行相应的检测与测试，以莫兰指数方法进行相应的计算，具体见式(6-3)。

表 6-3 中莫兰指数检验结果表明，省域创投引导基金与社会资本的共生效率具有十分显著的空间自相关特征，因此一般以空间计量模型进行分析研究。本节采用 Stata 软件对上文构建的空间杜宾模型(6-9)进行回归分析，具体结果见表 6-7。容易发现：空间自回归系数ρ 显著为正，说明我国省域创投引导基金对它和社会资本的共生效率具有十分重要的正面空间溢出效应。通过深入分析基础设施与制度环境的系统估计之后发现：trans 系数以及空间滞后项$\boldsymbol{W}$ · trans 系数均显著为正，说明基础设施的提升不仅有利于本地创投引导基金能力的增强，同时也能够推动社会资本共生效率的提高，另外还具有较为明显的积极溢出效应。因此，区域基础设施建设水平的提升与省域创投引导基金等之间存在密切的联系，有利于要素流动成本的降低，同时也能够充分发挥扩散效应。system 系数尽管为正值，但是不符合显著性检验的要求，空间滞后项$\boldsymbol{W}$ · system显著为负，对比研究上文当中未考虑空间要素的模型估计数据信息，容易发现：如果不考虑空间设定的影响，可能会导致制度环境对创投引导基金和社会资本共生效率影响的过高估计。

表 6-7　空间杜宾模型估计结果

	系数	z 统计量
ρ	0.412***	4.57
trans	0.040*	1.52
system	0.011	1.30
lneco	0.011	0.29
open	−0.048	−1.17
ind	−0.122	−0.87
hc	0.017*	1.61
W · trans	0.258***	3.12
W · system	−0.034***	−2.64
W · lneco	0.020	0.41
W · open	−0.174	−1.36
W · ind	0.590*	1.62
W · hc	−0.070***	−3.22
常数项	0.145	0.63
R^2	0.475	
Log-likelihood 对数似数值	469.803	
观测数	570	

注：*、*** 分别表示在 10%、1%的水平上显著。

为了实现对上述现象的有效解释，本节对解释变量的直接效应及溢出效应等内容进行了充分的解释，具体见表 6-8。基础设施变量 trans 的平均直接效应、平均溢出效应所对应的数值大小分别是 0.049、0.047，其显著的水平分别是 5%、1%。从整体来看，平均总效应大小是 0.505，同时满足了显著性的检验，说明基础设施不仅对创投引导基金及社会资金共生效率具有显著的正向本地效应，也具有相对较为明显的空间溢出效应。

然而通过对制度环境变量进行分析发现：system 的平均直接效应是正值，但是不满足显著性检验的要求，尽管平均溢出效应为负值，但表现出较为明显的负向总效应，其大小是−0.04，这表明了制度环境对创投引导基金及社会资本共生效率具有十分显著的负向空间溢出影响，因此整体总效应也为负向影响。对这一结果可做出以下解释：我国不同区域制度环境存在相对较大的差异，1996—2014 年东部、中部地区的制度环境平均值分别是 7.331、5.534；而西部与东北地区的则分别是 4.39、5.467。对上述数据进行深入分析发现：相较于西部地区，东部地区的制度环境水平相对较高，而制度环境水平与所在区域的产权保护、金融体系及法律制度等存在直接的联系，因此制度环境水平偏高的地区相对于制度环境水平偏低的地区，具有十分显著的“虹吸效应”，因此可能会导致创新要素单向流动的发生，进而对低制度环境区域创新要素的集聚造成消极的影响，同时对当地创投引导基金及社会资本共生效率的提升具有限制作用。

表 6-8　直接效应与溢出效应估计结果

	平均值	统计量
直接效应		
trans	0.049**	2.16
system	0.011	1.16
溢出效应		
trans	0.047***	2.87
system	−0.050***	−2.62
总效应		
trans	0.505***	3.09
system	−0.040**	−2.42

注：**、*** 分别表示在 5%、1%的水平上显著；限于篇幅，仅列出了制度环境与基础设施的估计结果。

基于全面实施创新驱动的发展战略，在创投引导基金与社会资本向着更深方向融合的前提下，以上结论具有十分重要的制度启示。第一，基础设施的建设在创投引导基金及社会资本共生效率的提高当中发挥着十分重要的显著本地效应及空间溢出效应，因此需要推动区域建设的进一步完善与发展；第二，制度环境水平在创投引导基金及社会资本共生效率提升方面具有十分显著的影响，如果不根据自身的具体特点及制度环境的实际水平进行制度的制定，可能会导致资本崇拜的发生，盲目推动创投引导基金及社会资本的共生融合无法取得较为良好的效果，甚至可能会导致市场创新要素出现扭曲。所以，不同省域需要根据自身的实际情况进行制度的制定，推动科技与金融向着更深方向融合的同时，实现区域投资环境、市场制度等法律体系的完善与发展，防止创新要素单向流动现象的发生，从根本上提高创投引导基金与社会资本共生效率。

6.4 本章小结

本章在前两章企业微观视角的基础之上，进一步从宏观视角，实证检验了我国各省域创投引导基金与社会资本共生效率的有关问题，在确认了实证方案的前提下，大致的工作分为三个环节。其一，以网络 DEA 手段为前提科学预算了 2000—2018 年中国省域创投引导基金和社会资本的共生效率。同时运用空间计量与非参数核估计手段研究了创投引导基金的空间集聚、动态演进的态势和地区异质性，研究显示，这一基金和社会资本共生效率宏观上在持续优化，然而地区内部和地区之间具有显著的非均衡特点；省域层面上体现出明显的空间集聚效应，高值空间聚集区大多数聚集于我国东部的省域，其中浙江、上海、江苏等作为中心，在 2010 年过后渐渐产生了重庆、四川作为中心的高值空间聚集区，低值空间聚集区大致处于东北三省和某些西部的省域。其二，根据如上空间集聚和动态演进的研究成果，建立空间计量模型，通过实践检测了我国创投引导基金和社会资本共生效率提高的体系。其三，根据上述有关理念机理研究和异质环境影响的未被证实的假设，展开两阶段 CMM 模型与空间杜宾模型的创建，实验检测了制度环境、基础设施对创投引导基金和社会资本共生效率提升的本地效应与空间溢出效应，实验显示，空间因素暂不参与的情况下，制度环境、基础设施水平的提高均能够帮助该基金与效率得到提升；空间的相关条件参与的情况下，基础设施的直接效应和空间溢出效应仍然是明显的正值，然而系统环境的直接效应并不明显，同时有着明显的负向空间溢出效应，这一现象可以理解为不一样的地区制度环境水平具有不小的区别，使得创新要素于地区间的单向流动，不利于落后地区创投引导基金与社会资本共生效率的提升。

第7章　创投引导基金与社会资本共生关系的经济价值研究

上一章分析研究了省域视角下创投引导基金与社会资本共生关系的空间集聚效应和空间溢出效应，研究结果发现不同省域的资本共生效率存在显著差异。本章将从对我国整体宏观经济影响的视角研究创投引导基金与社会资本共生关系所包含的价值链前端共生过程和后端共生结果。创投引导基金与社会资本共生价值链的实现，必须有效提升创投引导基金与社会资本共生的过程规模，同时更为重要的是，实现过程规模向结果质量的转化，即通过溢出效应，激发经济增长活力。因此，从这一角度来看，宏观经济影响视角下，共生关系经济价值的本质在于创投引导基金与社会资本共生的过程规模能够转化为宏观经济增长的效率。

7.1　宏观经济影响视角下共生效率的实证分析

7.1.1　研究模型的设定

由上一章的研究结果可知，创投引导基金与社会资本共生过程规模对经济增长的溢出效应由于地区吸收水平要素的匹配差距而产生变化，所以本书会利用 Hansen(1999)的多重面板门槛模型展开研究，设定计量模型如下所示。

$$
\begin{aligned}
\ln Y_{i,t} = {} & \alpha_0 + \alpha_1 \ln K_{i,t} + \alpha_2 \ln L_{i,t} + \alpha_{3-1}\,\mathrm{coupling}_{i,t} \times I(\Psi_{i,t}^{j} \leqslant \tau_1^{j}) \\
& + \alpha_{3-2}\,\mathrm{coupling}_{i,t} \times I(\tau_1^{j} < \Psi_{i,t}^{j} \leqslant \tau_2^{j}) + \cdots + \alpha_{3-n}\,\mathrm{coupling}_{i,t} \\
& \times I(\Psi_{i,t}^{j} > \tau_n^{j}) + \alpha_4\,\mathrm{control} + \varepsilon_{i,t}
\end{aligned}
\tag{7-1}
$$

式中：i 与 t 分别代表省份与年份；j 代表吸收水平要素，涵盖制度环境 sys、经济基础 eco 和人力资本 hc；coupling 为资本共生价值链前端的过程规模；$I(\ )$是指示函数，$\tau_1,\tau_2,\cdots,\tau_n$ 分别为有关的门槛值；$\alpha_{3-1},\alpha_{3-2},\cdots,\alpha_{3-n}$ 分别是有关门槛范围中解释变量 coupling 对被解释变量 lnY 的干扰系数；control 是模型的控制变量；ε 是随机扰动项。其余变量的含义和上文相同，在此不作解释。

7.1.2　变量选择和数据来源

本章的研究中选取了 1978—2018 年 47 个国家①[经济合作和发展组织(OECD)国家数量为 20 个，其余的为发展中国家]的面板数据，相关变量的设置如下。

资本共生价值链实现的要素门槛检验涉及四方面的变量：第一，被解释变量，使用经济增长水平来体现，数据信息取自世界银行 WDI 信息库；第二，关键解释变量，也就是创投引导基金与社会资本共生过程规模，根据表 7-1 中相应公式计算得出；第三，门槛变量，经济基础使用人均国内生产总值来体现，制度环境用我国在合同履行、产权保护、社会法律制度质量等层面的综合评价值来体现，人力资本用高校的升学情况来体现，并且经济基础与人力资本的数据信息取自世界银行 WDI 信息库，制度环境的数据信息取自世界银行 WGI 信息库；第四，控制变量，本节设定的控制变量有国有资本规模、社会资本投入、外资水平、城市化水平、贸易依赖度和产业结构等，有关数据信息都取自世界银行 WDI 信息库。

表 7-1 包括了本节中相关主要变量的具体解释。表 7-2 包含了门槛效应检验中相关主要变量的描述性统计结果。

表 7-1　主要变量及含义

	名称	符号	衡量方法
被解释变量	经济增长	lnY	用人均国内生产总值的对数形式来衡量

① 美国、德国、芬兰、土耳其、智利、乌拉圭、韩国、突尼斯、英国、挪威、希腊、澳大利亚、哥伦比亚、伊朗、巴基斯坦、中国、奥地利、瑞典、冰岛、新西兰、厄瓜多尔、以色列、菲律宾、匈牙利、比利时、瑞士、爱尔兰、南非、危地马拉、斯里兰卡、泰国、波兰、丹麦、加拿大、葡萄牙、阿根廷、墨西哥、印度、阿尔及利亚、俄罗斯、法国、日本、西班牙、巴西、秘鲁、印度尼西亚、摩洛哥。

续表

	名称	符号	衡量方法
关键解释变量	共生价值链前端的过程规模	coupling	用“创投引导基金总额×非国有资本投资额的平方根值”来衡量
门槛变量	经济基础	eco	用人均国内生产总值来衡量
	制度环境	sys	用包括合同执行、产权保护、社会法律制度质量等维度的综合评判值来衡量
	人力资本	hc	用“高等院校入学率×100”来衡量
控制变量	社会资本投入	ln*S*	用“非国有资本形成总额/国内生产总值×100”的对数形式来衡量
	国有资本规模	ln*G*	用“国家财政预算内支出/国内生产总值”来衡量
	城市化水平	urban	用“城镇化人口所占比重×100”来衡量
	贸易依赖度	trade	用“货物和服务进出口总额/国内生产总值×100”来衡量
	外资水平	fdi	用“外国直接投资净流入/国内生产总值×100”来衡量
	产业结构	ind	用“(工业增加值+服务业增加值)/国内生产总值×100”来衡量

表 7-2　主要变量的描述性统计

变量	样本数	平均值	标准差	最小值	最大值
ln*Y*	1566	8.776	1.419	5.264	11.542
coupling	1594	0.177	0.210	0.000	0.969
eco	1566	14325.180	16346.330	193.277	102910.400
hc	1314	38.985	23.790	1.155	110.263
sys	846	0.595	1.020	−1.253	2.003
ln*S*	1568	3.147	0.236	2.288	3.868
ln*G*	1314	3.419	0.782	0.144	4.703
urban	1598	66.906	19.112	18.297	97.776
trade	1558	59.188	28.847	11.546	197.218
fdi	1526	0.027	0.274	0.000	4.503
ind	1311	91.072	7.493	64.611	99.383

7.1.3　实证结果分析

先对各类要素进行检验，检验过程主要针对门槛效应的存在与否以及门槛的个数进行，获取最终的 F 值结果，再通过“自举抽样”的方法得到 p 值，结果如表 7-3 所示。数据表明，双重门槛效应的存在主要依赖于三大主要因素，这些因素为经济基础、制度环境、人力资本，但是所对应的三重门槛效应在检验结果中并不显著。所以，本节将以双重门槛模型作为评估方法。

表 7-3　门槛效应检验

门槛变量	假设检验	F 值	p 值	自举抽样次数
eco	存在单一门槛	112.501***	0.007	300
	存在双重门槛	93.081***	0.000	300
	存在三重门槛	−75.062	0.370	300
sys	存在单一门槛	23.713	0.140	300
	存在双重门槛	107.615***	0.000	300
	存在三重门槛	0.000	0.110	300
hc	存在单一门槛	42.915**	0.040	300
	存在双重门槛	29.446**	0.013	300
	存在三重门槛	0.000	0.397	300

注：**、*** 分别表示在 5%、1%水平上显著。

以双重门槛模型为基础，进行各要素门槛值的估计，结果如表 7-4 所示。经济基础的两个门槛值分别为 3398.619 美元/人、12000 美元/人，故可将样本国家分组为{eco≤3398.619}的低经济基础国家、{3398.619＜eco≤12000}的中等经济基础国家和{eco＞12000}的高经济基础国家。制度环境的两个门槛值分别为−0.095、0.716，同理可将样本国家分组为{sys≤−0.095}的低制度环境国家、{−0.095＜sys≤0.716}的中等制度环境国家、{sys＞0.716}的高制度环境国家。人力资本的两个门槛值分别为 20.761、32.711，则样本国家可分组为{hc≤20.761}的低人力资本国家、{20.761＜hc≤32.711}的中等人力资本国家、{hc＞32.711}的高人力资本国家。以此样本分组为基础，分类探讨各个组别中，创投引导基金与社会资本共生价值链实现的门槛效应。回归结果见表7-5。

表 7-4 门槛值估计结果

门槛变量	门槛值 τ_1	门槛值 τ_2
eco	3398.619 美元/人	12000.000 美元/人
sys	－0.095	0.716
hc	20.761	32.711

表 7-5 面板门槛回归结果

表达式或变量	eco	sys	hc
coupling_1($\Psi^j \leqslant \tau_1^j$)	－2.204*** (－12.36)	－0.739*** (－5.01)	－1.422*** (－6.70)
coupling_2($\tau_1^j < \Psi^j \leqslant \tau_2^j$)	－0.503*** (－4.118)	－2.070*** (－6.48)	－0.341*** (－2.99)
coupling_3($\Psi^j > \tau_2^j$)	0.766*** (9.51)	0.455*** (5.27)	0.634*** (7.25)
ln*S*	0.371*** (5.60)	0.296*** (4.18)	0.377*** (5.23)
ln*G*	0.667*** (19.62)	0.707*** (18.70)	0.545*** (14.90)
urban	－0.008*** (－4.70)	－0.005*** (－3.12)	－0.004** (－2.08)
trade	0.007*** (13.43)	0.006*** (10.46)	0.007*** (11.85)
fdi	0.111* (1.90)	0.397*** (6.12)	0.351*** (5.91)
ind	0.079*** (20.08)	0.089*** (21.50)	0.090*** (21.83)
常数项	－1.729*** (－5.08)	－2.690*** (－7.59)	－2.663*** (－7.38)
组间 R^2	0.880	0.860	0.861
观测数	1048	1048	1048

注：*、**、***分别表示在 10%、5%、1%水平上显著；括号内为相应的 *T* 值。

从表 7-5 中有如下发现。

门槛变量选择为经济基础时，在低经济基础国家，创投引导基金与社会资本共生的过程规模对经济增长的溢出效应显著为负，结果为负值－2.204，这一结果表明了国内生产总值对于基金与社会资本共生的影响，数据表明当人均国内生产总值小于等于 3398.619 美元/人时，共生价值链的形成就很难实现；在有中等经济条件基础的国家，创投引导基金与社会资本共生过程规模对经济增长的溢出效应系数为－0.503，当其低于 1%的基础水平时，这一现象更为显著，研究结果表明，门槛值(3398.619 美元/人)被超出后，创投引导基金与社会资本共生过程规模的溢出效应系数仍为负值，但是负向的影响效果已显然低于经济基础更低的国家；在高经济基础国家，创投引导基金与社会资本共生过程规模显然已可以促进经济的增长，系数值为 0.766，结果以第二个门槛(12000 美元/人)为标准，衡量创投引导基金与社会资本共生过程规模对经济增长的影响，在此阶段溢出效应已为正向显示，并且当结果低于 1%的水平时，效果更为明显，所以可以得出更利于创投引导基金与社会资本共生价值链形成的结果。

门槛变量选择为制度环境时，对低或中等制度环境的国家进行衡量，也就是说，当国家制度环境的评价值小于等于－0.095，或者位于－0.095 和 0.716 的区间时，创投引导基金与社会资本共生的过程规模负向引导经济的增长；以第二个门槛值(0.716)为标准，当评价值高于此标准时，即可将其划定为处于高制度环境中，创投引导基金与社会资本共生过程规模系数显著为正，这一系列结果表明，较低水平的制度环境对于创投引导基金与社会资本共生关系具有不利影响，影响溢出的吸收效果，所以，较高的制度环境更利于创投引导基金与社会资本共生价值链的形成。

门槛变量选择为人力资本时，可以发现，在低或中等人力资本的国家中，创投引导基金与社会资本共生过程规模系数均为负值，数据结果则说明了低人力资本对于创投引导基金与社会资本共生价值链的负向作用；但是当人力资本的数值高于第二个门槛(32.711)后，系数结果显示为正，因此，人力资本的大量积累有利于创投引导基金与社会资本共生过程规模的扩大，并且以正向作用促进国家经济的发展。

控制变量的检验中，将社会资本投入、创投引导基金规模、贸易依赖度、外资水平等均纳入检验范围，结果所有变量的系数均显著为正，这就进一步明确了国家经济增长过程中的主要因素，从以上这些方面进行提升，可以更快更强地促进国家经济体系建设。从表 7-5 中的数据结果可以发现，城市化水平的系数显著为负。孔艳芳和平萍(2016)等学者对此现象的研究表明，城市化的发展进程对经济增长存在门槛效应，即当经济社会发展到一定程度时，积极的增长就会从一定程度上摆脱城市化对它的限制，甚至会出现完全摆脱限制的情况。结合现实依据，一些发达国家在 20 世纪 70 年代，就已经实现了城市化水平超过 70%的发展现状，所以在本章的研究区间中，这些国家城镇化水平不仅不会对经济增长作出贡献，甚至还会出现负向影响，导致本章整体样本估计中的城镇化水平变量的系数呈现负值。

7.2　共生价值链分析

上述实证分析中，本章仅针对研究结果给出了基本讨论，而对于创投引导基金与社会资本共生价值链前端过程规模的现实表现，需要进行更加深入的讨论。由此，本章将基于上述实证研究结果，从国际比较的视角进行分析。

尽管我国的国有资本与社会资本共生过程规模在 1978—1984 年相对较小，但在进入 21 世纪以后，特别是 2002 年第一只创投引导基金的成立，这一规模得到了迅猛发展，到 2018 年已与许多发达国家的水平十分接近，如图 7-1 所示。

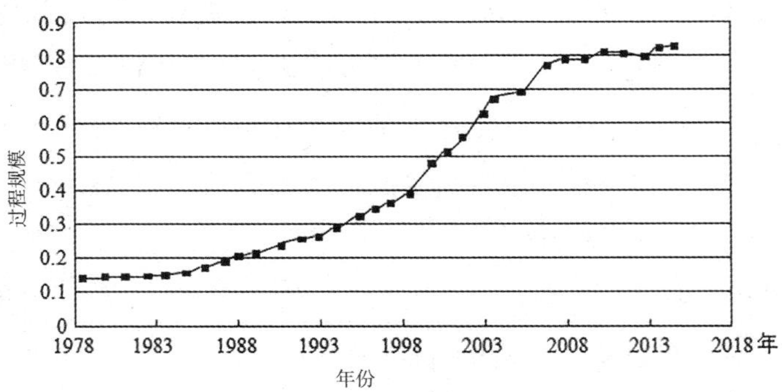

图 7-1　1978—2018 年我国资本共生过程规模的演进

借鉴逯进和周惠民(2013)等相关专家对共生关系的评定标准，即当耦合关系的过程规模值在[0,0.09]区间时定义为极度失调衰退类别；在[0.10,0.19]区间时为严重失调衰退类别；[0.2,0.29]区间时为中度失调衰退类别；在[0.30,0.39]区间时为轻度协调衰退类别；在[0.40,0.49]区间时为濒临失调衰退类别；在[0.50,0.59]区间时为勉强协调发展类别；在[0.60,0.69]区间时为初级协调发展类别；在[0.70,0.79]区间时为中级协调发展类别；在[0.80,0.89]区间时为良好协调发展类别；在[0.90,1.00]区间时为优质协调发展类别。对于中国的国有资本与社会资本共生关系而言，1978—1987 年为严重失调衰退，在 1988—1994 年为中度失调衰退，1995—1999 年为轻度失调衰退，2000—2002 年为勉强协调发展，2003—2005 年为初级协调发展，2006—2009 年为中级协调发展，2010 年以后为良好协调发展。这表明，从 20 世纪 80 年代以来，中国国有资本与社会资本之间的共生关系得到了较为明显的改善和提升。

实际情况中，上文中提到的共生关系的发展跟我国经济的发展状况十分贴近。自从我国实行改革开放以来，我国就改革开放之前的经济体系及金融机制进行了分析，分析出其缺陷并加以改进完备，加强改革，使得金融机制在我国经济发展过程中起到重要作用。在20世纪80年代，我国为了经济发展推行了有关金融机制以及基金建设方面的方案，例如：1980年选取了部分城市进行科技贷款方面的试验；1984年将科技贷款在全国范围内进行推广。由此可见，在20世纪80年代，我国对创投引导基金与社会资本之间进行关联时，不仅通过上级拨款这一方式，还通过科技贷款方式进行辅助。在我国创投引导基金与社会资本共生的过程中，因为这些相关举措与制度，我国的资本共生规模逐步扩大，但当时我国的资本共生水平仍然不高。为了进一步提高我国的资本共生水平，我国在20世纪80年代末90年代初推出了一系列制度，使得科技贷款的覆盖范围越来越广。此外，提高资本共生水平的火炬计划应运而生，该计划是让创投引导基金参与许多市场经济活动，在这些市场经济活动中，高新技术领域的市场化进度迅速加快。所以1985—1999年，我国科技资本共生水平提高得十分迅速，水平值从不到0.2提高到了0.4左右。进入21世纪以来，我国资本市场发展得越发迅速，如1999年《中华人民共和国证券法》的实施、2002年第一只创投引导基金的设立、2006年新三板科技型中小企业股份转让系统的设立等，这些举措在很大程度上使得我国的金融市场体系得到了完备，在科技方面的相关企业发展中，金融体系发挥了巨大作用，这极大地提高了资本共生水平。在进入21世纪之后，我国资本共生水平较之前发展更快，且保持着稳步提高的态势，在2010年进入良好协调发展阶段。

7.3　相关制度

结合上文的研究结果和分析，本书就进一步改善创投引导基金和社会资本的共生关系、提高我国整体资本共生效率提出以下几点建议。

7.3.1　以供给侧改革为契机提高资本共生效率

投资、出口与消费被视为我国经济增长的“三驾马车”。实际上，这三大因素只是国内生产总值的组成部分，即经济增长的结果而非内驱力。有效供给与潜在需求的不匹配、产能过剩与资本配置的扭曲并存等问题已成为困扰我国经济可持续发展的一个主要因素。从以粗放型、扩张式增长模式为主要特征的经济“非常态”走向“新常态”是市场化进程中的一个必然选择。在经济“新常态”下，传统加工制造业向现代服务业的转轨、投资驱动向创新驱动的转轨，将成为经济增长的核心驱动力。这也意味着通过质量的提升而非数量的增长来优化供给效率与质量，进而激发潜在需求将成为矫正资本扭曲配置、推动产业升级的主流方向。

市场可通过自动调节使实际产出回归潜在产出，而提高潜在产出水平的核心在于提高全要素生产率，并辅之以制度手段上的约束寻租、放松管制、简政放权、金融改革等措施。全要素生产率是产出与全部要素投入量之比，即所投入的人力、物力、财力开发利用的效率。从本质上讲，它反映了技术进步导向下资本的有效配置对经济发展的综合效应。

从资本共生的角度看，创投引导基金与社会资本的共生关系与全要素生产率的提升及结构性改革有着紧密的内在逻辑。创新供给结构以引导需求结构的调整与升级是供给侧改革的主体框架，此框架也为创投引导基金和社会资本的优化、投入效率的提高创造了健康的发展环境。

资本共生效率即共生产出与共生损耗之间的比值，这一比值是共生度、共生系数、共生界面、能量分配系数与共生环境等多元因素的函数。在供给侧改革的背景下，对于高消耗、高排放的企业，采取强制性的“关停并转”的同时，可通过资本市场这一宏观介质“自发”淘汰一批过剩产能；通过兼并重组来“消化”

部分过剩产能；或者通过资产剥离、资产委托等来挖掘不良资产的其他升值能力。

资本共生效率的大小由两个因素决定，一个是产出，另一个是投入，也可以称之为共生能量和共生损耗，这两个因素在不同的时期波动幅度和方向不同。如前所述，近些年来我国新三板科技型中小企业的共生能量在不断提高，大部分资本共生体属于互惠互利形式，但创投引导基金与社会资本两类资本并未真正实现“共进化”，一个重要原因即过分依赖创投引导基金，两类资本不是单纯在数量上相加或是相减。所以不能仅仅依靠国家投入的加大来推动资本市场的发展，调整两类资本的投入方向与步伐，也是提升供给质量的根本思路，这也是从共生视角对供给侧改革思路的一个解读。

7.3.2 激活隐性要素的价值潜能

有学者指出，把剩余索取权和实质控制权授予企业中那些重要的成员和难监督或者极具私人信息优势的成员，可以提高企业的效率。大量的文献主张通过赋予社会资本所有者剩余控制权来降低委托代理成本，但并未对参与分配的边界做出清晰的界定。忽视共生能量的产出水平及共生界面的阻尼效应而一味地扩大社会资本剩余控制权分配的额度，只是在短时期内满足了社会资本的共生诉求，更何况，现实中依然存在高管在物质收益极为可观的状态下做出损害社会资本所有者利益的行为。共生体的发展不是单个的发展，而是所有成员共同的进步。如果单一扩大资本投入，不仅不能解决一些诸如道德风险和逆向选择等难题，而且不能完成共生体的共同进化。

社会资本所有者的剩余控制权分配，必须考虑资本的投资周期、投资结果和投资行为，使用准模拟期权。准模拟期权改变了传统期权预设的实值、虚值、平值期权，仅仅进行期权的认定。在技术含量高的科技型企业中没有取得相关科技产品的规模化生产和市场化交易之前，禁止行权和流通，但可参与普通股的分红；此后，按市场收益决定行权期和行权价。企业高层在离职时需要对其所有的股票期权进行一定的确认，确保其没有侵占资产、没有渎职等行为，再根据股票的市值确定行权价和行权期。

7.3.3　以增强经济发展质量为宗旨统筹规划基金设立

在全面深化供给侧结构性改革的大背景下，需要重视技术技能的创新，推动传统产业的附加值渐渐提高，发展具有高附加值的新兴产业，同时也要注意节能减排，避免高污染和高能耗的产业继续发展，要尽量使其成为不对环境产生污染、不浪费过多能源的产业，甚至变成集约型产业。另外一点就是促进新兴产业更好发展。互联网和大数据紧密关联人工智能及实体经济等多个要素，在多个领域，比如中高端水平的消费、技术创新、绿色低碳环保共享经济、人力资源提供等方面产生推动经济发展的新的基本点。按照上述两条主线的引导，开展更进一步的工作，使得经济发展在质量和效率上都得到提高，具有更强大的推动力，同时还可以推进各个要素各个领域的生产率得到全面的提高，使经济发展的质量越来越好。

秉持着发展经济的基本目的，以供给侧结构性改革为手段，对基金进行统筹安排时，需要考虑两个基本要素。首先，促使基金存量资源在搭配上升级。为此需要进行全方位的设计，设立相应的基金，对全国的基金进行宏观的掌握，进行战略性的引导。另外省市区县等各个层级需要考虑基金供应和需求的状况，有效调整供给不足或者过多的各个区域，进行重新规划。其次，把握供给的基金质量，使优质基金更多地进入市场。为此需要将基金托付给专业能力比较强、拥有丰富市场资源的相关机构管理，防止基金内出现风险性很高的资金，同时要尽量防止出现随意设立、运营杂乱无章的现象，保障优质资金的供给充足。以存量和增量迅速调整的方式使得全国范围内的资金供需保持一定的平衡。

在选择基金投资领域时，需要考虑该区域整体的产业定位和产业发展的途径，防止在由市场化导致的资金饱和的领域进行新的投资。由于各类基金，比如国家创投基金、并购基金或成长型基金，具有比较大的差异(其差异主要体现在基本功能及优化产业结构等领域)，所以可以对各种基金类型进行科学的组合，帮助经济在平稳的状态下发展，进一步优化产业结构，推动产业向高级化方向发展。

同时需要充分了解该区域股权指导基金发展的具体状况。若股权投资市场发展比较成熟，则可以更多地进行新的引导建设，依据现行制度和基金的引导进行投资,防止创投基金与市场化基金产生冲突。在直投基金领域,对于股权引导基金设立较多的地区,可以尽量减少引导基金的投入,防止挤占市场化基金的生存空间。

7.3.4 通过基金投资带动资源流动,促进区域协调发展

基金在推动经济发展、缓解发展不平衡问题、减小区域经济差异等方面发挥着独特的作用。基金需合理利用,调配产业资源在各区域之间的流通,制定协调有序的制度,鼓励产业资源由东部比较发达的地区流入中西部地带。在制度的指引下,对基金进行合理的调配,以此使得区域经济发展更加平衡。与此同时,中西部地区,也应该在外力帮助的前提下,自身不断努力,以资本的力量促使各个产业发展,培养自己的优势产业。

人才建设也是经济高速发展的一个方面。中西部地区应充分借助基金汇集人才,发挥组织才能,使更多的人才涌入该区域来促进经济的发展。该工作可从四个方面着手:第一,引入专门从事金融行业的人才管理基金,同时号召一批从事证券工作的人才或会计师、律师、财务顾问等人才加入,可以快速完善区域金融人才结构。第二,采取专项人才基金的手段引入更多的人才。在很多地区都以此手段,培养或引入高端人才,中西部地区也应该对这一方法加以利用,招募人才,以人为本,使得财政资金的利用率提高。第三,以科研基金项目的方式吸引更多的技术型人才。中西部地区可以和一些高等院校、科研所进行合作,将某一领域内的高端人才集中引进,将各个高等院校或者科研院所获得的研究成果变为利于当地发展的产业成果。第四,利用国家对基金的制度引导,使更多优秀的企业家汇聚到某一区域。利用资金投资各种企业的方式,再加上对上市公司的并购和重新组合,将一大批企业家人才集中到一起,使当地企业家人才结构越来越完善,当地的资源得以充分利用,从而发展技术,提高产业效率。

在其他条件相同的情况下,与东部地区相比,基金在中西部地区的社会增长水平较高,因此不仅需要推动基金市场化运营,而且在中西部地区,创投引导基金的比重可适当加大。

7.4　本章小结

本章在上一章空间效应研究的基础之上，根据发布的未检测假设，通过分析 47 个国家 1978—2018 年的跨国面板信息，从整体经济影响的角度研究了共生效率的实证经验等有关问题，研究结果显示经济基础、制度环境与人力资本等吸收水平要素对创投引导基金和社会资本共生价值链的形成(宏观经济影响视角下的共生效率)存在着明显的双重门槛效应。详细地讲，经济基础对共生价值链的形成产生影响的两个门槛值分别为 3398.619 美元/人与 12000 美元/人，当人均国内生产总值高于第二个门槛(12000 美元/人)时，共生价值链前端的过程规模才能对经济提升表现出正向溢出效应；制度环境对这一价值链的形成产生影响的两个门槛值分别为－0.095 与 0.716，在国家制度环境评价值高于第二个门槛(0.716)时，共生价值链前端的过程规模才能对经济提升形成正向溢出效应；人力资本对共存价值链的形成产生影响的两个门槛值分别为20.761与32.711，和上述标准相同，在这一评价值高于第二个门槛(32.711)时，共生价值链前端的过程规模才能对经济提升表现出正向溢出效应。

接下来，把如上理论与实证研究的结果使用在我国的案例中，加以分析，发现改革开放的前期，我国国有资本和社会资本共存价值链前端的过程规模并不大，有着严重失调衰退的现象，然而进入 21 世纪后，其增长速度得到明显提升，2000—2002 年为勉强协调发展阶段，2003—2005 年为初级协调发展阶段，2006—2009 年为中级协调发展阶段，2010—2018 年为良好协调发展阶段。然而共存价值链形成的要素门槛对比显示，我国从 20 世纪 80 年代开始，经济基础、制度环境与人力资本等吸收水平要素值经常维持在一个较低的水平，但在十年内经济基础与人力资本水平存在显著的提高。整体来看，中等经济基础、低制度环境、中等人力资本阶段不利于国有资本与社会资本共生价值链的实现。

最后，结合上文的研究分析，提出几方面的建议，以进一步改善资本共生关系，提升资本共生效率，加大经济产出并平衡区域经济发展。

第 8 章　结论与展望

8.1　结　论

在我国经济情景下创投引导基金与社会资本的结合方式、结合深度、结合频度即二者关系疏密、强弱直接影响着科技型中小企业价值的创造。

共生，内隐着“新普遍主义”的基本理念——道之共通，通则共存。因此，客观上有必要将创投引导基金与社会资本放在同等的战略地位。当然，在特定的时空情境之下，进行结构性调整并不能否定二者相生相依的关系。关系并非一个静态的存在，而是处于不断的运动之中，这种运动能否推动两类资本的共进化与运动效率紧密相关。因此，从动态角度探讨关系的构建、关系投入与关系产出的效率、关系的影响因素及其经济后果、关系的演化路径及其相关风险的控制，成为本研究的一条主线。本书的主要结论可以归纳如下。

①从资本属性的视角梳理了几种典型的资本共生行为，并借鉴 Logistic 生长模型检验了创投引导基金与社会资本的共生关系的客观存在性。首先，在对比生态种群共生关系的基础上，界定了创投引导基金和社会资本共生体具有的复杂适应和共生演化的双重属性。其次，指出在市场经济初级阶段这一特定的情境之下，互惠共生是对两类资本共生行为最为现实的刻画，这种互惠行为有效地推动了两类资本的共进化(尽管进化的程度与步伐存在差异)。接着，借鉴社会网络分析的相关理论构建了基于“场力”的资本共生关系分析图谱，并指出创投引导基金与社会资本的互惠关系体现在“量”的层面，二者规模的积累及其结构的匹配可视为场力发生作用的“静态结果”。同时，二者的互惠关系还体现在“质”的层面，因为个体对集体影响力的强弱不仅取决于个体的规模，而且还受限于行为主体在关系构建与维护中的“效率”，即共生体的投入产出比。然

后，基于超循环方法论分析了资本共生的一般过程，包括了创投引导基金和社会资本两个子系统的自催化与交叉催化过程，以及整个共生系统的超循环过程。

②通过理论梳理、逻辑推导构建了创投引导基金与社会资本共生关系图谱。首先，分析了资本共生关系的形成条件和要素，创投引导基金与社会资本间共生演化是一个复杂系统，其构成要素可分为共生单元、共生环境和共生界面。这三大要素在资本系统中相互作用、相互影响，共同影响着创投引导基金与社会资本共生动态演化方式与趋势。其次，分析了创投引导基金与社会资本共生关系演化的相关方式，探析了共生体与共生环境的"冲突源"及其进化效应。而后，对共生关系的核心——共生模式展开研究，对寄生模式、偏利共生模式和互惠共生模式三种主要类别进行进一步的数理分析，发现社会资本和创投引导基金共生后对资本市场的福利效益影响不同，验证了两者之间是一种非对称性互惠共生关系。

③提出了由静态层面的规模匹配走向动态层面的资本共生效率的"逻辑判断"式二次测度评价体系。社会网络分析的相关理论为建立基于"场力"的资本共生关系分析图谱奠定了基础，创投引导基金与社会资本的互惠关系不仅体现在"量"的层面，还体现在"质"的层面。个体对集体影响力的强弱不仅取决于个体的规模，而且还受限于行为主体在关系构建与维护中的"效率"——共生体的投入产出比。鉴于此，本研究通过数据包络分析 DEAP V2.1 软件对进入二次评价的 2613 个样本进行分析，发现占比 2.64%的 69 个 DMU 构成了资本共生效率前沿面，我国上市的新三板企业，资本投入产出比例不同，差别较大，这些企业的效率包络前沿面的 DMU 比重较低，两类资本的运动效率有待整体提升。

④本书运用多元回归分析检验了"创新氛围""财务杠杆""赋税水平""资本共生成本""资本共生能量"五者与静态共生关系、动态共生关系的相关性。研究发现，静态共生关系影响因素模型(模型Ⅰ)总体上未通过显著性检验(Sig. = 0.667)。因为 θ_a 静态关系的替代变量表示的是在一个特殊的基期相对应的报告期内，创投引导基金变化受到社会投资的影响，本次研究只是选用 $T_0 = 2017$ 年、$T_1 = 2018$ 年一组样本，不是连续取样，研究的变化趋势代表性有些欠缺。

这表明资本共生体内密度增容的协调需要一定的时间，在短时间内不能完整反映一些因素的变化。动态共生关系影响因素模型（模型Ⅱ）总体上通过显著性检验（Sig. =0.000），其中，IC（创新氛围）在5%水平上显著，而FL（财务杠杆）、TA（赋税水平）、CSE（资本共生能量）三者在1%水平上显著。在两个模型中，IC的回归系数均为负值，这与假设的调节方向相反。这一数据表明我国科技含量高的中小企业公司对资本的分配和使用率低，整体的基础差，创新能力低。

⑤在省域视角下的资本共生效率层面，尽管研究结论表明我国整体上创投引导基金与社会资本共生效率呈上升趋势，但也存在着几个不可忽略的问题。具体而言，首先，当下创投引导基金与社会资本效率的提升仍以创投引导基金为主导，市场机制的作用并未充分发挥出来；其次，考虑空间因素后（经验检验表明中国省域创投引导基金与社会资本共生效率具有显著的空间关联特征），基础设施的直接效应与空间溢出效应显著为正，但制度环境的直接效应不显著，且出现显著的负向空间溢出效应，对此的解释是不同区域制度环境水平存在较大差异，导致了创新要素在区域间的单向流动，不利于落后地区创投引导基金与社会资本共生系统效率的提升。

⑥在资本共生关系对宏观经济的影响研究方面，对47个国家1978—2018年的跨国面板数据进行了经验检验。结果表明，经济基础、制度环境和人力资本等吸收水平要素对国有资本与社会资本共生价值链的实现，亦即价值链视角下的资本共生效率具有显著双重门槛效应。进一步研究中，对我国的具体情况进行了案例分析，结果发现改革开放以来，我国国有资本与社会资本共生价值链前端的过程规模得到了明显扩大，基本实现了过程规模由严重失调衰退向良好协调发展的转变，但吸收水平要素水平较低，总体上仍处于中等经济基础、低制度环境、中等人力资本阶段，这样不利于资本共生价值链的实现，资本共生关系仍需进一步改善。

8.2 展　望

在数据选取上，本书在微观层面的测度局限于新三板科技型中小企业，而未充分考虑其他板块的企业。从横向角度而言，两类资本在同一研究期间的不同行业、不同产业之间的共生关系客观上存在一定差异。产业间的比较研究能为我国创投引导基金与社会资本共生关系的优化提供更为系统的导向。从纵向角度而言，在进行静态共生关系即“共生度”与“共生系数”的测量时，本研究将时间锁定为五年。资本共生关系从构建、维护、更新到升级，是一个漫长而复杂的运动过程，五年的时间区间难以全面揭示该运动的趋势特征。此外，在进行共生关系影响因素的实证研究中，虽然对解释变量与被解释变量做了时间差处理，但诸影响因素对静态、动态共生关系的作用是一个环环相扣的过程，仅选取一个时间段的滞后期略失之偏颇。

本研究建立了基于共生效率的二次评价体系，为两类资本共生关系的测度提供了一种新思路。但是，这种测度体系建立在以理论分析与逻辑推导为主的规范性研究基础之上，未就静态关系向动态关系的演化机理设计出可量化的推导模型并进行实证检验，其逻辑分析的理性与效力有待加强。

由于两类资本共生关系的背后隐藏着错综复杂的社会行为主体的个体认知与价值判断，而本研究主要从企业年报和统计年鉴中获取公开的财务和经济数据，未能从量化信息与质化信息相结合的角度来揭示行为主体心理驱动与资本共生关系的内在逻辑。因此，将应用心理学的研究成果引入共生关系的研究，或许会成为未来的一个重要研究方向。尤其是，共享心智模式、积极心理学等边缘学科知识的融入，将极大地丰富资本共生关系研究的内涵。同时，在研究方法上，质化方法的引入也有助于拓展社会科学领域共生研究的视野。

参考文献

[1]陆铭,尤建新,周文泳.引导基金投资模式的比较研究[J].中国软科学,2011(S2):278-287.

[2]马海顺,梁舰.政府与社会资本合作(PPP)模式[M].北京:中国建材工业出版社,2017.

[3]FREEMAN R E. Strategic management: a stakeholder approach [M]. Boston: Pitman, 1984.

[4]FREEMAN R E, LI J M. Stakeholder capitalism and the value chain [J]. European Management Journal, 1997, 15(3):286-296.

[5]BRANDER J A, DU Q Q, HELLMANN T F. The effects of government-sponsored venture capital: international evidence [J]. Review of Finance, 2015,19(2):571-618.

[6]LELEUX B, SURLEMONT B. Public versus private venture capital: seeding or crowding out? A pan-European analysis[J]. Journal of Business Venturing, 2003, 18(1): 81-104.

[7]MAUL M, MURRAY G C. Finnish Industry Investment Ltd.: an international evaluation[J]. Ministry of Trade & lndustry-Working paper, 2003.

[8]BRANDER J A, EGAN E, HELLMANN T F. Government sponsored versus private venture capital: Canadian evidence [M]//LERNER J, SCHOAR A. International Differences in Entrepreneurship. Chicago: University of Chicago Press, 2010.

[9]DA RIN M, NICODANO G, SEMBENELLI A. Public policy and the creation of active venture capital markets [R], IGIER-Working paper n. 270, 2006.

[10]哈肯.协同学——大自然构成的奥秘[M].凌复华,译.上海:上海译文出版社,2005:62-63.

[11]许文.促进科技型中小企业金融服务发展的税收政策[J].经济研究参考,2015(7):49-58.

[12]白全民,崔雷,朱运海.我国科技型中小企业发展政策演化特征及评价[J].中国科技论坛,2014(8):80-85.

[13]付剑峰,邓天佐.科技金融服务机构支持科技型中小企业融资发展的案例研究[J].中国科技论坛,2014(3):154-160.

[14]赵玉珍.中小企业信贷融资共生模式的构建[J].金融与经济,2016(3):87-92.

[15]高闯,王晨.基于共生视角的财务战略拓展及实践路径研究[J].商业经济,2016(3):131-132.

[16]窦亚芹,李秀真,吴文杰.江苏科技型中小企业自主创新的金融支持研究[J].科技管理研究,2014,34(2):6-10.

[17]束霞平.大学与创意城市发展共生系统的建构[J].安徽农业大学学报(社会科学版),2015,24(6):103-109.

[18]粟进,宋正刚.科技型中小企业技术创新的关键驱动因素研究——基于京津4家企业的一项探索性分析[J].科学学与科学技术管理,2014(5):156-163.

[19]欧阳曲兰.基于和谐共生理论的企业利益相关者财务生态系统研究[D].衡阳:南华大学,2015.

[20]袁凌,彭长庚,温燕飞.企业劳资关系共生模式组合及其演化过程[J].城市学刊,2015,36(1):23-29.

[21]苑泽明,李田,王红.科技型中小企业创新效率评价研究——基于科技金融政策投入视角[J].科技管理研究,2016,36(16):39-44.

[22]仝伟.共生理论视域下我国高校体育残健融合研究[J].四川体育科学,2014(3):141-143,149.

[23]温素彬.企业社会责任影响财务绩效的传导机理——基于多元资本共生的理论解释框架[J].会计之友,2014(9):4-9.

[24]龙小燕,孙维,胡智煜,等.中美财政支持科技型中小企业融资比较分析[J].

经济研究参考,2014(25):65-71.
[25]李元华.我国“民间投融资”共生特性与协同发展新秩序——民间投融资共生理论研究[J].经济学动态,2013(3):95-100.
[26]李炜毅.共生观视角下企业社会责任战略与财务战略耦合问题研究[D].哈尔滨:哈尔滨理工大学,2013.
[27]骆静,薛莉.科技型中小企业融资现状与政府扶持政策效果分析——基于南京市93家企业的问卷调查[J].中共南京市委党校学报,2016(5):58-61.
[28]宋义武.江苏:主动作为 全力做好财政金融工作[J].中国财政,2016(20):47-49.
[29]于海珊,杨芷晴.税收优惠对中小企业投融资能力的影响[J].财政研究,2016 (12):101-110.
[30]蒋慧杰.中国工程咨询业群落企业共生研究[D].天津:天津大学,2012.
[31]郑晓青.嵌入社会责任的企业财务战略:基于共生理论的探讨[J].商业会计,2011(36):14-15.
[32]BERTONI F,TYKVOVÁ T.Does governmental venture capital spur invention and innovation? Evidence from young European biotech companies[J].Research Policy,2015,44(4) : 925-935.
[33]萧端, 熊婧. 政府创业引导基金运作模式借鉴——以以色列 YOZMA 基金为例[J].南方经济, 2014(7):106-115.
[34]纪建悦,曹伟.基于共生理论的科技型中小企业融资体系研究[J].金融理论与教学,2011(3):16-19.
[35]肖兴志, 姜晓婧.战略性新兴产业政府创新基金投向:传统转型企业还是新生企业[J]. 中国工业经济, 2013(1): 128-140.
[36]刘瑞波, 贾晓云.产业投资基金: 国际比较与我国运行机制的创新路径[J].世界经济与政治论坛, 2006(6):46-49.
[37]李亚楠.基于共生的山西省乡村旅游产业整合发展研究[D].太原:山西财经大学,2015.
[38]刘元兵,刘春晖.基于共生理论的资本共生态相变效率解析及对策[J].企业活力,2011(1):80-83.

[39]杨军，褚保金. 让民间资本优先享受投资收益——澳大利亚创新投资基金介绍[J]. 中国投资，2006(4):103-105.

[40]杨大楷,李丹丹.中国引导基金政策对私募股权投资的影响研究[J].现代管理科学,2012(4):24-26.

[41]肖艳,张书铨.不完全契约框架下公私混合基金中剩余权的优化配置——基于政府引导基金参股投资模式的分析[J].上海经济研究,2013,25(8):68-76.

[42]夏青.现代服务业演化机制与效应研究[D].徐州:中国矿业大学,2010.

[43]李朝晖.基于委托代理的创业投资引导基金管理模式研究[J].科技进步与对策,2011,28(23):42-45.

[44]唐国兴,张一章,詹朋朋.政府引导基金全景[J].中国风险投资,2010(9):64-66.

[45] HUANG Zijian, WANG Yan. Big data, Internet finance and credit capital: resolving small and micro businesses' financing paradox[J]. Financial Economics Research, 2015, 30(1): 55-67.

[46]HE Fei, ZHANG Bing. Internet finance: big data-driven and pattern evolution[J]. Finance & Economics, 2016(6): 12-22.

[47]李俊梅.会计舞弊与审计舞弊的共生机理及其治理思路[J].新疆职业大学学报,2009,17(4):34-37.

[48]An Xiaoxue. A review of the researches on big data credit rating and Internet financing[J]. Credit Reference, 2017(5): 54-57.

[49]胡俊峰.江苏高新区发展创新型经济的研究[J].华东经济管理,2012,26(1):12-16.

[50]CABANISS D L, GLICK R A, ROOSE S P. The Columbia Supervision Project: data from the Dyad[J]. Journal of the American Psychoanalytic Association, 2001, 49(1):235-267.

[51]方建中,邹红.江苏科技园区转型升级研究[J].科技与经济,2010,23(6):23-26.

[52]陈丽丽,冯革群.全球化背景下宜家空间扩散路径与模式研究[J].世界地理

研究,2015,24(4):30-38.

[53]金刚, 沈坤荣.中国工业技术创新空间扩散效应的时空演化[J].经济地理, 2016,36(5):121-127.

[54]CHAUVET L, COLLIER P, FUSRER A. Supervision and project performance: a principal-agent approach[J]. Research Gate, 2015: 75-83.

[55]邵兴忠.共生原理与社会资本的对接:小额信贷运营的新语境[J].浙江金融,2008(8):25-26.

[56]IKA L A. Opening the black box of project management: does World Bank project supervision influence project impact? [J]. International Journal of Project Management, 2015, 33(5):1111-1123.

[57]何平林,陈波,郝万禄.资本共生理论及其对军工产业发展作用机理研究[J].湖南师范大学社会科学学报,2008,37(3):113-116.

[58]赵艺.基于省际和区域数据的技术空间扩散分析[J].统计与决策,2015(15):123-126.

[59]李向东,李夏玲.绿色发展视角下江苏创新型园区评价指标体系的构建[J].江苏理工学院学报,2016,22(5):32-37.

[60]石双玉.基于共生理论的小额信贷制度创新研究[D].杭州:浙江大学,2008.

[61]杨先明,秦开强.资本积累对中国经济增长的重要性改变了吗? [J].经济与管理研究,2015,36(10): 3-9.

[62]宋宏,程雁雷,夏焰.大学与区域发展共生系统的建构[J].学术界,2008(2):176-187.

[63]熊惠平.基于共生原理的小额信贷的社会资本效应探析[J].农村经济,2008(1):73-75.

[64]戴理达."智力资本"对资本成本会计的冲击及其改进[J].企业经济,2011(6):166-169.

[65]燕志雄,张敬卫,费方域.代理问题、风险基金性质与中小高科技企业融资[J].经济研究,2016,51(9): 132-146.

[66]杨大楷,李丹丹.政府支持对中国风险投资业影响的实证研究[J].山西财经大学学报,2012,34(5): 52-60.

[67]张昭，马浩淼，王文.政府引导性股权投资基金的组织形式问题研究[J].陕西行政学院学报，2016，30(2)：21-24.

[68]朱尔茜.政府文化产业投资基金：基于公共风险视角的理论思考[J].财政研究，2016(2)：104-112.

[69]吕晓蔚，赵玉林.私募股权资本对战略性新兴产业发展的作用机理[J].财会月刊，2017(30)：23-30.

[70]田刚，庄晋财，罗建强，等.物流业与制造业共生关系演化的路径及实现机制研究[J].学习与实践，2013(7)：31-37.

[71]庄晋财，陈剑林.区域经济中大小企业共生机理及模式选择[J].财经科学，2004(4)：47-50.

[72]金应忠.资本逻辑不能脱离社会共生关系[J].社会观察，2014(8)：12-15.

[73]马克思，恩格斯.马克思恩格斯全集：第二十三卷[M].北京：人民出版社，1998：260.

[74]马克思.资本论：第三卷[M].北京：人民出版社，2004：444-445.

[75]陶厚永，王秀江，刘洪.组织即兴及其对企业应对危机的意义研究[J].外国经济与管理，2009，31(9)：53-59.

[76]杨贵华.自组织：社区能力建设的新视域——城市社区自组织能力研究[M].北京：社会科学文献出版社，2010：67-70.

[77]刘景林.试论生产力时序[C]//生产力理论研究文集.北京：经济科学出版社，2015：269-273.

[78]王鑫.内部劳动力市场的长期契约性分析[J].时代金融(下旬)，2011(5)：109-110.

[79]HANNAN M T，FREEMAN J. The population ecology of organization [J]. American Journal of Sociology，1977，82(5)：188-213.

[80]卡明斯.组织发展与变革精要[M].李剑锋，译.北京：清华大学出版社，2003：252.

[81]赵锡斌.企业环境分析与调适——理论与方法[M].北京：中国社会科学出版社，2007：91-93.

[82]BURNS T，STALKER G M.The management of innovation [M]. Lon-

don: Tavistock Publications, 1961.

[83]苏长和.以新普遍主义建构世界秩序——对共生问题的进一步思考[J].探索与争鸣,2014(11):35-38.

[84]生延超.技术联盟的产生与发展——一个共生学的解释框架[J].中国科技论坛,2007(1):90-93.

[85]房燕,鲍新中.中国政府创业投资引导基金效用——基于随机效应模型的实证研究[J].技术经济,2016,35(2): 58-62.

[86]李洪江,鲍晓燕.政府导向型创业投资基金绩效评价研究[J].商业研究,2011(6): 112-116.

[87]林赛燕,谢宏.市场化背景下政府主导型投资基金的体制问题与发展路径[J].浙江金融,2014(10): 21-24.

[88]吴建平,訾非,李明.环境与人类心理:首居中国环境与生态心理学大会论文集[M].北京:中央编译出版社,2011:146-151.

[89]刘媛媛,黄卓,何小锋.股权投资基金与企业实际投资的实证研究[J].商业经济与管理,2012(10): 80-87.

[90]孟兆辉,李蕾,谭祖卫,等.政府创业投资引导基金委托管理模式及激励约束机制比较分析[J].科技进步与对策,2014(17): 11-15.

[91]王东刚,陈泰椰.后地方债时代的政府融资新模式:政府投资基金[J].区域金融研究,2016(12): 55-58.

[92]陈菲琼,李飞,袁苏苏.产业投资基金与产业结构调整:机理与路径[J].浙江大学学报(人文社会科学版),2015,45(3):56-67.

[93]孙季强.关联企业制度与银行信贷风险防范研究[D].青岛:中国海洋大学,2005.

[94]刘元兵,周庆行.关于企业资本共生的理论研究[J].财会月刊,2004(7): 10-11.

[95]董建卫,郭立宏.参股对象选择对引导基金参股投资杠杆效应的影响研究[J].投资研究,2016, 35(5): 60-75.

[96]李福柱,肖云霞.沿海地区陆域与海洋产业结构的协同演进趋势及空间差异研究[J].中国海洋大学学报:社会科学版,2012(1):38-42.

[97]董建卫,王晗,郭立宏.引导还是挤出?——引导基金投资对私人创投投资的影响[J].西北大学学报(哲学社会科学版),2017,47(3):87-97.

[98]顾婧,任珮嘉,徐泽水.基于直觉模糊层次分析的创业投资引导基金绩效评价方法研究[J].中国管理科学,2015,23(9): 124-131.

[99]程大涛.基于共生理论的企业集群组织研究[D].杭州:浙江大学,2003.

[100]黄曼远,孟艳,许文.欧洲投资基金管理运作模式及对我国政府创业投资引导基金的借鉴[J],经济研究参考,2015(7) : 87-96.

[101]陈少强,郭骊,郏紫卉.政府引导基金演变的逻辑[J].中央财经大学学报,2017(2) : 3-13.

[102]谭祖卫,刘春晓,孟兆辉.我国政府资金股权投资模式创新研究[J].科技管理研究,2014(21) : 17-21.

[103]程宏伟.资本共生模式与财务治理结构[J].山西高等学校社会科学学报,2002,14(2):43-45.

[104]程宏伟.资本共生模式、企业治理结构及利益相关者财务[J].吉林省经济管理干部学院学报,2002,16(1):26-29.

[105]高阳宗.共生资源论:对商誉性质的一个新认识[J].河北经贸大学学报,2001,22(1):57-64.

[106]张永韬,刘波.体育产业政府引导资金:概念、特征与效应[J].体育与科学,2019,40(2):68-74.

[107]丁崇泰.政府创业投资引导基金发展及美国经验借鉴[J].地方财政研究,2019(3):107-112.

[108]LOPEZ-SALA A."You're not getting rid of us".Performing acts of citizenship in times of emigration[J]. Citizenship Studies, 2019, 23 (2): 97-114.

[109]POIKANE S, PHILLIPS G, BIRK S, et al. Deriving nutrient criteria to support "good" ecological status in European lakes: an empirically based approach to linking ecology and management[J]. Science of The Total Environment, 2019, 650: 2074-2084.

[110]何眉.地方政府引导基金运作经验及对甘肃的启示[J].财会研究,2017

(8):11-17.

[111]刘晶.我国政府引导基金退出机制问题及对策[J].中国国际财经(中英文),2017(19):260-261.

[112]赵淑梅,田耘,杨发,等.加快构筑创新生态新体系 科技点燃经济发展新引擎——青海省大学生创新创业大赛概述[J].青海科技,2017,24(3):18-20.

[113]李燕,陈金皇.政府引导基金发展的问题分析及改进对策[J].经济研究参考,2017(51):51-59.

[114]杨复卫.地方养老服务业引导资金运行模式效率改进研究——基于八个试点省区的实证调研[J].经济体制改革,2018(1):19-25.

[115]冯珊珊.引导基金新趋势[J].首席财务官,2018(2):72-76.

[116]刘远祥,孙冰川.政府体育产业发展引导资金运行现状分析[J].南京体育学院学报(社会科学版),2017,31(6):104-109.

[117]张文君,周瑞芳.政府引导基金运作模式比较及对江西的启示[J].金融与经济,2018(3):92-96.

[118]VINDING L. Absorptive capacity and innovative performance:a human capital approach[J].Paper contribution to the Druid Seminar,2016(4):123-128.

[119]孙咏梅.资本效率理论与产业增长[M].北京:经济科学出版社,2007:174-176.

[120]BAPTISTA R,SWANN P. Do firms in clusters innovate more? [J].Research Policy,1998,27(5):525-540.

[121]BERMAN E M. The economic impact of industry-funded university R&D [J].Research Policy,1990,19(4):349-355.

[122]田娟娟.产业导向型政府引导基金绩效评价研究——以战略性新兴产业为例[J].辽东学院学报(社会科学版),2018,20(2):38-45.

[123]季心禾.对政府产业引导资金绩效评价管理的研究与分析[J].当代经济,2018(12):92-95.

[124]刘磊,张瑜.财政资金与社会资本联动支持科技型中小企业的机制研

究——以江苏省为例[J].金陵科技学院学报(社会科学版),2018,32(2):27-31.

[125]邱艳玮.政府引导基金审计初探[J].中国内部审计,2018(7):75-77.

[126]秦康美.互联网金融领域“投贷联动”制度构建——以小微企业融资为视角[J].黑龙江社会科学,2018(5):28-33+159.

[127]黄芳娜.财政资金在政府引导基金中的运用[J].中国金融,2018(18):94-95.

[128]湘雁.不断完善国家引导资金的审计标准[N].中国财经报,2017-12-12(5).

[129]GILSON R J. Engineering a venture capital market: lessons from the American experience [J]. Stanford Law Review, 2003, 55(4):1067-1103.

[130]袁晓楠,袁开坤.关于地方政府引导基金运营管理的思考[J].金融纵横,2016(12):54-59.

[131]袁平君,盛菊霞.宁波市体育产业发展引导资金项目规范化管理研究[J].体育文化导刊,2017(3):119-122.

[132]樊轶侠,孙家希.地方政府引导基金运作实践及其改进[J].地方财政研究,2016(11):96-100.

[133]刘强.政府引导基金在运作中存在的问题及对策[J].时代金融(中旬),2017(7):265.

[134]陈志强,田美娟,张红梅.政府创业投资引导基金能促进区域创新能力的提高吗?——基于省际面板数据的实证研究[J].时代金融(下旬),2017(8):218-219.

[135]BREWER E,GENAY H,JACKSON W E,et al. Performance and the access to government guarantees: the case of small business investment companies[J]. Economic Perspectives,1996,20:16-32.

[136]COAD A,RAO R. Innovation and firm growth in high-tech sectors: a quantile regression approach[J].Research Policy,2008,37 (4):633-648.

[137]GUMMING D, LI D. Public policy, entrepreneurship, and venture capital in the incubators[J]. Journal of Corporate Finance, 2013 (23):

345-367.

[138]GOMPERS P A,LERNER J. The venture capital revolution[J]. Journal of Economic Perspectives, 2001 (7):32-42.

[139]KOPPEL J G S. The challenge of administration by regulation: preliminary findings regarding the U. S. government′s venture capital funds[J]. Journal of Public Administration Research and Theory,2008,9 (4): 641-666.

[140]刘九如,李芳芳.加强财政资金与民间资本合作促进制造业与互联网融合发展[J].宏观经济管理,2017(9):80-85.

[141]吴志强.江苏如皋加强地方产业引导资金管理的思考[J].中国国情国力,2017(10):75-78.

[142]邓飞.政府创业投资引导基金发展的问题与对策研究[D].北京:中国财政科学研究院,2017.

[143]赵建刚.中国政府引导基金发展现状的研究[J].生产力研究,2016(10):31-33.

[144]实现科技源与金融资源有效对接[N].鄂州日报,2016-04-12(2).

[145]肖伟,刘嘉津,刘海洋.宁波市体育产业发展引导资金扶持项目评选指标体系构建研究[J].浙江体育科学,2016,38(2):74-78.

[146]李妍.建设科技金融服务体系推动创新科技型中小企业发展[J].高科技与产业化,2016(3):72-75.

[147]杨波.如何与政府引导基金共赢? [J].上海国资,2016(8):20-22.

[148]EROGUL D, SEN F. The effect of preharvest gibberellic acid applications on fruit quality of "Angelino" plums during storage[J].Scientia Horticulturae,2016,202:111-116.

[149]KÁDÁR,NAUE I F C, WILHELM M. First normal stress difference and in-situ spectral dynamics in a high sensitivity extrusion die for capillary rheometry via the "hole effect"[J].Polymer,2016,104:192-203.

[150]VAN OEVEREN A. "Cry 'Havoc!' and let slip the dogs of war":regulating private military and security companies[J].European View,2016,

15 (1) :155-162.

[151]MURRAY G C. A policy response to regional disparities in the supply of risk capital to new technology-based firms in the European Union: the European Seed Capital Fund Scheme[J]. Regional Studies,1998,32(5): 405-419.

[152]BOYNS N,COX M,SPIRES R, et al.Research into the Enterprise Investment Scheme and Venture Capital Trusts[R].Cambridge UK:Inland Revenue,2003.

[153]COWLING M,BATES P,JAGGER N,et al. Study of the impact of Enterprise Investment Scheme and Venture Capital Trusts on company performance[R].HM Revenue & Customs Research Report 44,2008.

[154]衣龙新. 董事会内部结构与财务治理[J].特区经济,2005(8):362.

[155]BERNSTEIN S,LERNER J,SORENSEN M, et al. Private equity and industry performance[J]. NBER-Working paper,2010 (1): 1-40.

[156]KOTHANDARAMAN P,WILSON D T.The future of competition. value-creating networks [J]. Industrial Marketing Management, 2001, 30 (4): 379-389.

[157]ROTHAERMEL F T,ALEXANDRE M T.Ambidexterity in technology sourcing:the moderating role of absorptive capacity[J].Organization Science,2011,20(4):759-780.

[158]PHILLIPS D. Blazing Netshine on the value network:the processes of Internet public relations management [J]. Journal of Communication Management,2000 (5):189-206.

[159]GAYNOR M, BRADNER S.Using real options to value modularity in standards [J].Knowledge,Technology and Policy,2001,14(2):41-66.

[160]高翔,龙小宁,杨广亮.交通基础设施与服务业发展——来自县级高速公路和第二次经济普查企业数据的证据[J].管理世界,2015 (8): 81-96.

[161]张光南,洪国志,陈广汉.基础设施、空间溢出与制造业成本效应[J].经济学(季刊),2013,13 (1): 285-304.

[162]吴敬琏. 供给侧结构性改革政府要有所不为有所为[J]. 中国经贸导刊，2016(16)：14-15.

[163]樊纲，王小鲁，朱恒鹏. 中国市场化指数——各地区市场化相对进程报告[M]. 北京：经济科学出版社，2010.

[164]FUENTELSAZ L, MAICAS J P, POLO Y. Switching costs, network effects, and competition in the European mobile telecommunications industry[J]. Information Systems Research, 2012, 23(1): 93-108.

[165]HANSEN B E. Threshold effects in non-dynamic panels: estimation, testing and inference[J]. Journal of Econometrics, 1999, 93(2): 345-368.

[166]孔艳芳，平萍. 城镇化对经济增长的门槛效应研究——基于跨国经验和中国现状的再审视[J]. 当代经济科学，2016，38(4)：82-88.

[167]逯进，周惠民. 中国省域人力资本与经济增长耦合关系的实证分析[J]. 数量经济技术经济研究，2013 (9)：3-19.